股市有风险 ■ 投资需谨慎

证券投资中的
心理偏差和五力宝典投资分析

PSYCHOLOGICAL BIAS IN SECURITIES INVESTMENT AND
INVEST ANALIYSIS OF FIVE POWERS BIBLE

王冀宁 编著

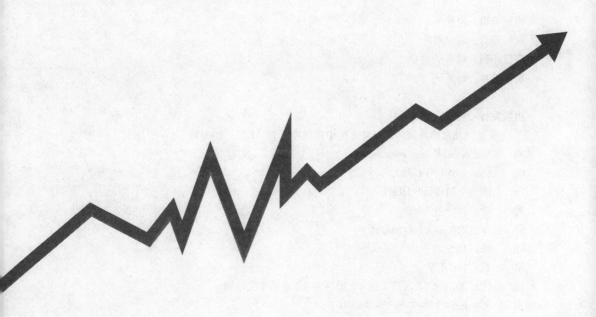

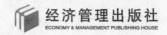

经济管理出版社

ECONOMY & MANAGEMENT PUBLISHING HOUSE

图书在版编目（CIP）数据

证券投资中的心理偏差和五力宝典投资/王冀宁编著. —北京：经济管理出版社，2014.12
ISBN 978-7-5096-3482-0

Ⅰ.①证…　Ⅱ.①王…　Ⅲ.①证券投资—投资分析　Ⅳ.①F830.91

中国版本图书馆 CIP 数据核字（2014）第 265995 号

组稿编辑：申桂萍
责任编辑：瑞　鸿
责任印制：黄章平
责任校对：赵天宇

出版发行：经济管理出版社
　　　　　（北京市海淀区北蜂窝 8 号中雅大厦 A 座 11 层　100038）
网　　址：www. E-mp. com. cn
电　　话：(010) 51915602
印　　刷：三河市延风印装厂
经　　销：新华书店
开　　本：720mm×1000mm/16
印　　张：10.5
字　　数：146 千字
版　　次：2014 年 12 月第 1 版　　2014 年 12 月第 1 次印刷
书　　号：ISBN 978-7-5096-3482-0
定　　价：39.00 元

序

在纷繁复杂的股票市场上，到底如何才能盈利？如何才能年复一年保持恒久的盈利？如何才能在市场重大风险到来时有效地规避风险？这些都是萦绕在投资者脑海中的问题。影响股票涨跌的因素有很多，包括宏观经济、微观经济、企业的产品技术管理、个股和大盘的技术走势、股票估值的高低等，更重要的是，每个投资者自身的心理偏差和交易行为也是至关重要的因素。

笔者在 2000 年学习金融工程时有幸接触到行为金融学，并对 2 万余名个人投资者的心理偏差和投资行为及其投资绩效进行了研究，以此为依据，完成了博士论文《中国个体投资者行为研究》。在理论探索的基础上，笔者尝试将行为金融学中投资者心理偏差的分析，结合宏观经济、微观经济、股票估值、技术分析的相关指标，研究出一套比较可行的股市分析系统，定名为"五力宝典投资模型"，即从宏观经济、微观经济、估值、技术和心理五大方面，综合研判 60 个左右的指标，对股票市场总体格局和个股进行研究，选股结果用五星指标来显示。从 2011 年 6 月至 2014 年 10 月，笔者在东方财富网建立了"王博士侃股"博客（http://blog.eastmoney.com/wangjining/bloglist_0_1.html），历经 3 年半的时间，撰写了大量的博文，内容有周评、日评、杂评、图解等多种形式，发现此模型基本能反映股市的走向，选股的成功率较高，能取得比较好的投资收益，博文受到了读者的支持和鼓励，因此，笔者将上述研究内容整理成此书，以飨读者。

证券投资中的心理偏差来源于行为金融学，指的是由于个体投资者在信息收集、加工与处理能力方面具有一定的局限性，而在投资中产生一定程度的心理偏差。1979 年，两位美国行为科学家卡尼曼和特沃斯基针对投资者心理决策过程建立了"期望理论"，发现投资者的投资行为呈现有限理性特征，投资者在面临不确定的条件下，常常以经验法则或直觉作为决策依据，在股票投资决策中存在种种心理偏差，投资群体的心理偏差和有限理性行为时常会导致股票价格偏离理性，出现股价的"异象"（异常现象），最终引发股票市场的震荡，对投资者的财富造成损失。

本书首先阐述了投资者心理偏差的各种表现形式，然后详细介绍了"五力宝典投资模型"的指标体系及其运用，最后用博文作为案例，详解"五力宝典投资模型"的实战操作。本书的编写历时数年，其间恰逢笔者给 2010 级、2011 级、2012 级和 2013 级的数十位硕士研究生开设《金融理论与金融前沿》课程，同学们在课程学习之余，也参与了收集数据和案例，为本书的编写贡献很多，因学生人数众多，不一一赘述，在此对他们的辛勤工作表示诚挚的谢意！

笔者用行为金融学的投资者心理偏差分析和"五力宝典投资模型"来研判股市行情，算起来已有 14 年的时间了，总体感觉此方法是比较灵验的，但仍有很多地方亟待修改完善，因此，笔者将来打算把"五力宝典投资模型"研制成计算机专家决策软件系统，通过电脑的自动判断，最大限度地去除人为的干扰因素，并建立网站每日发布五力五星评价结果，希望对广大投资者有所帮助。

王冀宁

2014 年 9 月于石城金陵

目　录

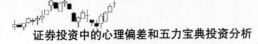

证券投资中的心理偏差和五力宝典投资分析

第一章 股票投资中的心理偏差概述

对证券投资者真实的投资决策行为、投资者在投资决策活动中呈现的心理特点、交易行为对证券价格的影响及在不同行为特质驱动下投资者的决策活动效率等方面进行研究，是一项十分新颖而又极富挑战性的工作。长期以来，传统经济学研究通常将人看作经济人或理性人，即能根据未来的价格变化和对未来风险的估计而对自己的决策行为进行最优化，然而，在现实的金融证券市场活动中，大量有悖传统金融理论的异象（Anomalies）引发了经济学家、金融学家、心理学家、社会学家和其他行为科学家的关注和进一步探索。诺贝尔经济学奖得主西蒙（Simon）最早提出投资者"有限理性"的观点，Slovic（1977）研究了人类判断的心理学及其对投资决策的影响。

一、股票投资者的认知偏差及有限理性行为的发现

心理学研究发现：每一个投资者开始投资时总是试图进行理性投资，并希望规避风险。但是，当市场出现种种不确定因素时，投资者发现自己有限的能力和认知水平无法把握未来投资行为的可靠性，投资者就会向政策的制定者、媒体、专家或自己的感觉、经验等寻求心理依托。投资行为的前景越不明朗，投资者的心理依托感就会越强烈，人类特有的认知偏差的弱点就会显现，即尽管投资者作为心理健康且具备良好思辨能力的正常人，仍有可能会出现认识上的偏差，从而产

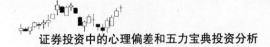

生种种不理智和冲动的行为，这就是投资者存在的认知偏差（Cognitive Bias）。

随着行为金融研究的不断深入，越来越多的投资者决策行为特征不断被揭示出来，这些发现也进一步验证了投资者存在的有限理性（Bounded Rationality）交易特征及传统金融理论所存在的瑕疵。经过检验发现：投资者除具有 Kahneman 和 Tversky 提出的三类行为特征外，还存在以下三大类典型的有限理性决策行为特征：

1. 心理账户（Mental Account）效应

即每个投资者会根据自身设定的参考点制订一个决策方案（Kahneman 和 Tversky，1984），或是投资者在对未来投资结果不明确的前提下，将个体决策分成几个不同的心理账户，各账户采取独立的投资之道（Thaler，1985）。Shefrin 和 Statman（1994）的研究发现个体投资者常将自己的投资组合分成两部分：一部分为低风险的安全投资；另一部分为高风险但期望高回报的投资，即将投资决策划分为两个心理账户——安全账户和风险账户。Kahneman 和 Lovallo（1993）认为，投资者倾向一次只考虑一个决策。Shefrin 和 Statman（2000）以 PT 为基础，构建了行为投资组合理论（Behavioral Portfolio Theory，BPT），分别研究了单一心理账户（BPT-SA）和多重心理账户（BPT-MA）下的决策行为。这些心理账户很好地解释了投资者在投资安全性证券产品的同时，又追逐高风险收益的行为之谜。

2. 经验法则类偏差（Heuristic-driven Bias）

投资决策的做出依赖于既有的经验或法则，具体表现为：

（1）可得性偏差（Available Heuristic）。投资者习惯将易获取的资讯或已知的事件作为决策参考，这是由于投资者的信息获取的不完备所致（Kahneman 和 Tversky，1984）。Shiller（2000）指出，投资者将网络的发展作为 20 世纪 90 年代美国股市兴盛的主要动因就是出自此种偏误。

（2）代表性偏差（Representative Heuristic）。Grether（1980）、KT（1971，1974）的研究发现：投资者倾向用过去的或相似的情况对事件加以分类，并据此评估事件发生的概率，在此基础上做出自己的投资决策。De Bondt（1991）的研究显示：证券投资者有类似赌徒谬误的偏差，在经过3年的牛市后会对市场产生悲观的预期，而在3年熊市后又会对市场过度乐观。

（3）过度自信偏差（Overconfidence Bias）。这种偏差被认为是人类所具有的最根深蒂固的行为特征，投资者在决策时往往会过于相信自己的判断力，Odean（1998a）、Odean（1999）通过对投资者交易账户数据的实证检验发现：投资者基于对自身能力的过度自信，会在抛售股票后又迅速地买进另一只股票，而在扣除了交易成本后，卖出股票的收益高于所买进的股票成本。这种偏差也是个体投资者高交易频率的直接动因。

（4）锚定（Anchoring）和调整（Adjustment）效应。Kahneman 和 Tversky（1984）认为：投资者在评估决策行为时会受到起始定位值的影响，且其后的调整往往也不够。Shefrin（2000）的研究发现：证券分析师对新信息的定位过于保守，调整得也不及时。

（5）后见之明（Hindsight）。Shiller（2000）研究发现：投资者往往觉得自己能预料到事件的结果，存在事后英明的行为偏误。Kahneman 和 Riepe（1998）认为这种偏差对投资决策很有害，使投资者高估自己的预测能力，助长了过度自信的偏差，会导致过度交易。

（6）群体文化与社会认知的趋同性。Shiller（2000）对美国大众文化情结和社会认知的研究表明：投资者群体对网络文明的狂热导致了网络股的过度泡沫，公众传媒对股市的聚焦引发了社会对其过分关注。这些社会认知会在特定的投资群体的决策行为中显现。

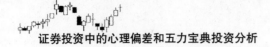
3. 认知框架（Framing）偏差

投资者决策时会受到情境、心态或表述方式的不同而产生不同的选择。这种决策偏差行为也有几种形式：

（1）捐赠效应（Endowment Effect）。投资者一旦拥有某种物品，会对其价值评估大幅增加（Thaler，1985）。因为投资者具有对自己投资品种珍爱和高估的倾向，易产生安于现状的偏误，即使在面临收益更高的品种时，往往也不轻易改变投资组合（Samuelson 和 Zeckhauser，1988）。

（2）沉没成本（Sunk Cost）效应。投资者在决策时会受到沉没成本的影响，在发生未实现的损失后，仍会继续自己的投资行为，因为投资者通常不愿意接受投资遭受损失的事实，并继续追加投入，以确保沉没成本不被损失的心理（Thaler，1980）、（Arkes 和 Blumer，1985）。

（3）后悔效应（Regret Effect）与处置效应（Disposition Effect）。Thaler（1980）用 PT 理论中的价值函数检验得出：投资者有对自己决策后悔的行为，因为在 PT 的价值函数中，每下降一单位的收益所下降的效用大于原来的状况，每增加一单位的损失所产生的效用也大于原来的状况。所以，Shefrin 和 Statman（1985）的研究认为：投资者为避免后悔，会采取继续持有发生损失的股票而卖出获得盈利的股票的处置方法。

（4）归因理论（Attribution Theory）。投资者决策时会将以往成功的投资归因于个人能力，而将失败的结果归咎于外在因素，Daniel、Hirshleifer 和 Subrahmanyam（1998）用此决策心理建立了著名的 DHS 模型，来解释股价的过度反应与反应不足。

投资者可能存在的有限理性行为特征远不止这些，随着行为金融理论和心理学研究的不断深化，将有更多的投资者有限理性行为特征

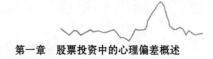

被揭示出来。

二、中国证券投资者的类型及特点

依照不同的投资群体划分，我国证券市场上的投资主体可划分为机构投资者与个人投资者两类。根据证券登记中心公布的统计数字，至 2011 年底，在沪深两个证券交易所开户数达 17316.13 万户，其中个人投资者占 99.5%，机构投资者占 0.5%，整个投资者群体呈现如下特征：

（1）在投资群体中，个人投资者占绝对多数且高度分散，这与国际上投资群体结构化的趋势相反。尽管中国证监会努力在推进超常规发展机构投资者，但在短期内，证券市场仍将是散户占主导的市场。反观美国证券市场，至 1995 年，投资基金已达 5000 多家，甚至超过股票的数量（见美国证监会主席亚瑟·莱维特 1999 年 5 月 19 日演讲）。

（2）弱势群体占很高的比例。据我们在 2001 年 7 月的调查显示，40 岁以上的投资者占被调查者总数的 49.42%，30 岁以下的投资者仅占被调查者总数的 21.78%，投资者队伍呈老龄化。投资者以工薪阶层为主，68.56% 的投资者的主要家庭收入来源于工资，入市资金额在 10 万元以下的中小投资者占被调查者总数的 44.92%，个人投资者群体抗风险能力不强。

（3）缺乏相应的投资知识及技能。我国证券市场的设立只有 20 年的历史，相比美国证券市场 140 年的发展过程，无论是市场的成熟度、经验与教训的积累、数据的积累还是投资者教育与保护均远远不够。各级学校中除了大学财经院系外，基本上没有开设专门的投资理财的系统教育，投资者总体的投资知识很不系统，投资水平比较低。

（4）短期投机的操作理念成为主流。基于各方面的因素，我国证券投资者中长期投资的比例偏低，而短期投机的比例很高，与其他成

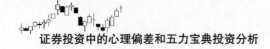

熟市场相比，换手率居高不下，这种现象反映我国证券市场短期投机气氛较重，风险较大。

（5）投资者的自我保护意识和风险防范能力较弱。由于我国证券市场的制度建设和与之配套的法制建设尚处在不断完善又相对滞后的状态，市场的各种违规现象层出不穷，对弱小的中小投资者群体易造成严重的伤害。

从机构投资者的构成来看，我国机构投资者的分类如表1-1所示。

表1-1 我国证券投资机构分类

编号	名称	行为特点
1	证券经营机构	全国约120余家，除收取交易佣金外，还可开展股票自营，中长短线结合
2	投资基金	分为开放式、封闭式两种，现已达50家，多元化组合投资为主
3	企业（上市公司等）	利用自有或借贷资金，以委托理财、直接投资等为主，短期投资居多
4	保险基金	各保险公司的资金进入证券市场，以中长期投资为主
5	社会养老保险基金	以社会养老保险基金结余部分投资股市，以中长期投资为主
6	私募基金	以大量的民间游资、短期投资为主，流动性和风险大
7	外资	海外资金利用在内地的独资、三资企业入市，以短期投资为主

三、我国个体证券投资者的认知偏差的发现

我国个体证券投资者的交易行为具有明显的过度反应倾向，这种状况的深层次的原因是投资者存在的种种认知偏差，投资者的这些有限理性的投资行为会导致证券市场对信息或政策的反应超过应有的幅度，其市场特征为突出的"政策市"、"消息市"、"庄家操纵"、"从众跟风"、"羊群效应"等痕迹，往往会通过投资者群体的信息传导机制引发市场的反馈放大效应，从而使股市震荡加剧，广大中小投资者的损失加重，也使大量的"噪声交易者"和"内幕信息交易者"有机可乘，牟取暴利，加剧了证券市场的波动性，导致市场风险的放大。我国投资者存在的认知偏差主要有以下10种：

（1）过度自信（Over Confidence）。投资者往往过于相信自己的能力，高估自己的成功机会，在实际投资活动中表现出过度频繁交易。从交易频率调查结果来看，个人投资者交易的频率较高。其中每天均有交易，每周、每月交易 2~3 次的投资者占被调查者总数的 79.36%。该比例远高于美国证券业协会（Security Industry Association，SIA）2000 年度对美国投资者调查的统计结果。据 SIA 调查，2000 年全美有 60% 的投资者全年交易次数低于 6 次，这反映我国投资者短线投机倾向比较浓厚。

（2）过度恐惧（Over Dread）。当投资者受到侵害或遭受损失时，大部分投资者会有恐惧感，尤其是在媒体或股评人士推波助澜的情况下。这种心理状态也基本符合国外投资者行为研究所揭示的投资者群体内的信息传导效应和环境压力因素对投资者行为产生的趋同和放大现象。调查表明：82.75% 的被调查者存在恐惧心理，其中 57.06% 的投资者经常有恐惧感，这种恐惧感导致投资者在非理性情况下做出错误的决策。

（3）庄家情结。43.35% 的被调查个人投资者认为股票价格是由庄家决定，这一方面反映出我国证券市场庄家行为的有恃无恐，另一方面也反映出投资者认识的一个重大误区，即将自己的投资决策寄托在虚无的庄家身上，而忽视对决定价格的本质因素的研究。

（4）损失厌恶（Loss Aversion）。指相对于收益，投资者过分看重损失，国外投资者行为研究证明：在大多数情况下，人们通常将损失等同于 2 倍的收益。调查显示：我国的投资者同样具有此类认知偏差，仅有 10.06% 的投资者在股票被套时会采取及时止损的策略，而绝大多数投资者则绝不割肉，被动等待，最后当持续下跌时，许多投资者又会在过度恐惧感的支配下而斩仓出场，从而加剧了市场波动。

（5）保守性偏差（Conservatism Bias）及维持现状偏差（The Status

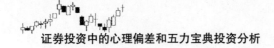

Quo Bias)。投资者对新生事物或新的信息反应不足，安于现状，缺乏接受新挑战的勇气，哪怕新事物会带来巨大的收益。最典型的调查结论是：尽管有超过 90% 的投资者认为网上交易具有方便、速度快、无时间空间限制、交易成本低的优势，但 70% 以上的投资者通常去营业部交易，仅有 7% 的投资者使用网上交易，50% 以上的投资者对新的交易方式采取观望或不接受的态度。

（6）赌博与投机心理（Gambling Behavior and Speculation）。投资者虽然有时会有损失厌恶心理，但为寻求更高的收益，也会采取冒险投机行为。从问卷调查统计中发现：有 79.64% 的投资者认为庄家的存在是合理的，超过 50% 的投资者有追高的投机倾向。

（7）选择性偏差（Representative Bias）。投资者将事物划分为有代表性的几类，然后在对事物评价时，会过分强调这几类的重要性，而忽略其他事物。问卷调查中表现得最典型的是大多数投资者最看好绩优蓝筹股和科技股，其依据是以往的表现和业绩，但过去的表现和业绩未必代表将来的成长性。

（8）偏好股票的差价及送红股，而轻现金红利的心理。研究表明，大多数投资者投资股票的目的是赚取差价和得到红股而非红利，这固然有我国上市公司红利回报差的原因，但这种认知偏差无疑也导致了投资者短线投资之风。

（9）对政策的依赖性偏差。调查显示，近 90% 的投资者认为政治经济因素及证券市场政策法制因素对其投资决策的影响最大，这说明投资者对政府和政策存有过分依赖的心态，这种认知偏差会使投资者对政策信号经常人为地放大。

（10）暴富心理偏差。投资者迫切希望尽快获得丰厚的投资回报而将风险的回避放在次要的位置。调查发现，虽然有 60% 以上的投资者在 2000 年取得了远高于银行利率的投资收益，但仍有 70% 以上的投资者对自己的收益不满。

上述认知偏差，有的在国外的研究中已有发现，有的则具有"中国特色"，它们对投资者行为的交互作用，导致个体证券投资者的交易行为呈现有限理性的特征，如图1-1所示。

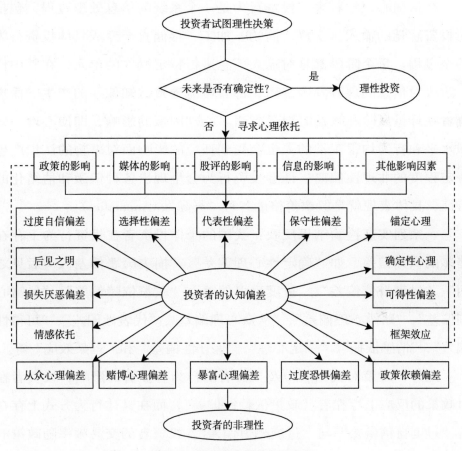

图1-1　投资者心理及行为变化

"有效市场假说"认为，在金融市场的竞争过程中，理性投资者总能抓住每一个由非理性投资者创造的套利机会，使得非理性投资者在市场竞争中不断丧失财富，从而最终被市场淘汰，因此，证券市场的投资行为是由理性投资者主宰的。但是，行为金融学的研究成果显示，当投资者进行投资决策时，并不总是以理性的态度做出投资决策，其

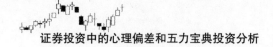

心理因素会随着外界环境的变化而发生微妙的改变，尤其是当证券市场面临着很多不确定性时，个体投资者知识和能力的局限决定其必须向外界寻求心理依托。人类固有的各种认知偏差必然也会在投资行为上显现，证券产品的价格也并不完全呈现理性均衡的特征。

在认知心理学看来，投资行为是一个系统的信息处理过程，包括对投资感觉的输入、变换、简约、加工、存储直至变成具体投资行为的全过程。每个阶段都是对输入信息进行特定操作的单元，在其中任一阶段对信息的理解发生偏离，都有可能导致认知偏差的产生。而投资者在计量风险和收益时会受到诸多心理因素的影响，即使心理、知识水平和行为均很正常的人也会受到环境的影响而对事物的认识产生一定程度的非理性偏离。证券投资行为会呈现出各种偏激和情绪化的特征，具体表现就是股票价格的各种"异象"（Anomalies）。

一系列实证检验结果反映：我国的个体投资者在投资行为上存在诸多的认知偏差，如"确定性心理偏差"、"损失厌恶偏差"、"后见之明"、"过度自信偏差"、"过度恐惧偏差"、"政策依赖偏差"、"暴富心理偏差"、"赌博心理偏差"、"从众心理偏差"、"代表性偏差"、"可得性偏差"、"情感依托"、"锚定心理"、"保守性偏差"和"框架效应"等。

此外，政策对我国股市及投资者的行为有显著的影响，投资者在对政策的反应上存在着"政策依赖性偏差"，而在具体行为方式上存在着"过度自信偏差"与"过度恐惧偏差"。投资者的交易频率随政策的出台与导向发生着变化，一旦利好政策出台就会加剧投资者的"过度自信偏差"，导致交易活跃，交易频率增加；而如果利空政策出台，投资者的"过度恐惧偏差"往往会超出限度，导致交易频率不断降低。投资者总是处在一种追随政策、缺乏自主投资意识的状态之中。由于投资者存在着明显的过度自信的投资倾向，因此相当多的投资者始终处于高度紧张的状态，频繁换手，希冀不断抓"黑马"，赚大钱，而长

期投资、理性投资的意识不能树立，庄家行为不仅得不到公众的谴责，反而成为一致效仿跟踪的对象。频繁的交易行为直接损害了投资者的财富。证券投资者行为偏差的存在，一方面证明了行为金融学的基本假定即投资者的有限理性和非理性因素的存在，另一方面也是我国证券市场发展不规范的结果，此结果又进一步加剧了投资者的行为偏差。更为严重的是，各类证券市场的违法违规者利用投资者的行为缺陷，恶意操纵市场，严重损害中小投资者的权益，甚至危及投资者对证券市场的信心，从而严重地阻碍了证券市场的良性发展。

第二章 投资者对于市场价值判断的心理偏差

第一节 政策性依赖偏差

一、概念界定

王垒、郑小平等学者实证研究表明，认为国家政策对决策影响比较重要和非常重要的证券投资者占 87.8%，认为不重要的只占 3.9%，表明在投资者心目中我国股市还是一个"政策市"。李心丹、王冀宁等学者对某证券营业部 7894 位个体投资者在 1998 年 7 月至 2001 年 11 月期间的交易数据进行了实证分析，结果显示政策对我国股市及投资者的行为具有显著的影响，在对政策的反应上投资者较为普遍地存在"政策依赖性偏差"。

虽然早在 1999 年，我国证券市场就加快了市场化改革步伐，但是我国目前以政府监管为主、市场补充为辅的投资环境格局将在很长一段时间内持续下去。因此，在我国证券市场被理解为"政策市"的同时，每当股市出现重大波动，广大投资者就亟待政府出台干预政策。

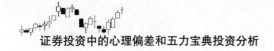

广大投资者的这种矛盾心理和股市中存在的多重标准，事实上都表明我国资本市场是在政府扶持中成长起来的，广大投资者在尝试脱离对政府政策依赖的同时，又对失去政策支持抱有畏惧心理。对于这种投资环境下成长起来的投资者，普遍抱有一种错觉，即认为股市的涨跌是政府政策左右的结果。但是，现代主流金融学认为证券市场是有效的，尽管可以区分为弱有效及强有效，但总体而言证券市场是有效市场，大量非政策因素决定着股市的波动。我国股民在对政策的反应上存在严重的"政策依赖性偏差"，而在具体的行为上则表现为"过度自信偏差"与"过度恐惧偏差"（刘澄、魏然、吴鸣鸣，2007）。政府政策的出台与政策导向左右着广大投资的交易频率，"过度自信偏差"往往在利好政策出台后表现强烈，导致投资者交易更为活跃、频率加快；"过度恐惧偏差"常常在利空的政策出台后表现强烈，导致投资者交易频率下降。

二、案例分析

2008 年 6 月 7 日至 2008 年 11 月 5 日发布的重大政策对上证指数走势的影响如图 2-1 所示。

（一）2008 年 6 月 7 日，央行发布调整存款准备金率消息

该日央行公布分别从 6 月 15 日及 25 日起，上调存款类金融机构人民币存款准备金率 0.5 个百分点。央行调整存款准备金率这一货币政策的运用，使得投资者对股市普遍产生负面的预期，进而导致股市大跌。

（二）2008 年 9 月 15 日，央行发布调整贷款基准利率及存款准备金率消息

该日央行公布从 9 月 16 日起，下调一年期人民币贷款基准利率 0.27 个百分点及从 9 月 25 日起，存款类金融机构人民币存款准备金率

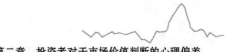

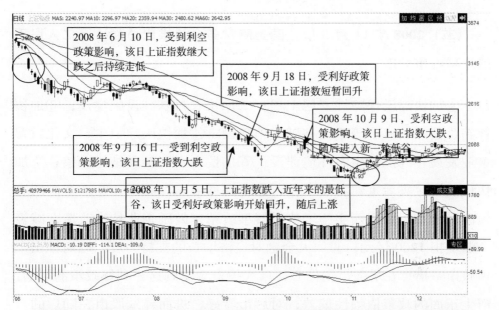

图 2-1　2008 年 6 月 7 日至 2008 年 11 月 5 日发布的重大政策对上证指数走势的影响

下调 1 个百分点。央行贷款基准利率及存款准备金率调整这一货币政策的运用，再次使得广大投资者对股市看空，进而导致上证指数下跌。

（三）2008 年 9 月 18 日，出台三大救市政策消息

①印花税单边征收，卖出征收 1‰；②汇金公司购入中国银行、中国建设银行、中国工商银行的股票；③政府支持国有大型企业回购自己公司的股票。上述三项对市场利好的政策，使得广大投资者产生正面的政策依赖性偏差，对市场看好，进而导致上证指数短暂回升。

（四）2008 年 10 月 8 日，央行发布调整人民币存贷款基准利率及存款准备金率消息

从 10 月 9 日起下调一年期人民币存、贷款基准利率各 0.27 个百分点及从 10 月 15 日起下调存款类金融机构人民币存款准备金率 0.5 个百分点。

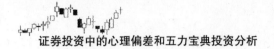

（五）2008 年 11 月 5 日，国务院常务会议推出总额 4 万亿人民币的十项救市举措

①加快建设保障性安居工程；②加快农村基础设施建设；③加快铁路、公路和机场等重大基础设施建设；④加快医疗卫生、文化教育事业发展；⑤加强生态环境建设；⑥加快自主创新和结构调整；⑦加快地震灾区灾后重建各项工作；⑧提高城乡居民收入；⑨在全国所有地区、所有行业全面实施增值税转型改革，鼓励企业技术改造，减轻企业负担 1200 亿元；⑩加大金融对经济增长的支持力度。政府推出十项救市举措意在增强市场信心，广大投资者受到这一利好政策的影响，产生正面的政策依赖性偏差，对后市看好，进而导致股市在随后的一段时间内走高。

受到以上利好或利空政策的影响，广大投资者都相应对股市产生了正面或负面的政策依赖性偏差，投资者对股市的预期也随之产生波动，进而导致上证指数随之上升或下降。

综观中国股票市场十余年的发展历程，可以发现中国股市一个特有的现象，即"政策市"，表现为股票市场的走势受政策因素影响极大，政策性风险成为股票市场的主要风险。这与国外成熟的股票市场状况有很大的差异。

1995 年之前，中国的股票市场系统性风险极高，达到了 85%。大盘与个股走势具有极强的趋同性。当时中国股市形成了"股市低迷—政策救市—股市狂涨—政策强抑—股市低迷"的怪圈。1996 年之后，中国股市有了较大规模的扩容，投资者中的机构投资者占比稳步提高，政府也放松了对股市的调控与监管，市场系统性风险出现了下降的趋势，但当时中国股市 40%左右的系统性风险相对于发达国家成熟股市 25%左右的系统性风险而言依然相当高。究其原因，主要是由于我国

股市具有的"政策市"特征造成的，政府出台的政策左右着股指的基本走势，通常表现为市场对政策性消息的过度反应，甚至导致股指的走势背离行业、企业基本面的状况。

具体来说，首先，"政策市"和成熟市场主要有三个方面的差别：

（1）投资者结构的不同。在成熟股票市场中，在投资者结构中以机构投资者为多，而在"政策市"中，投资者以散户为多。

（2）投资理念的不同。在成熟股票市场中，股票的长期收益才是投资者的主要收益，投资者更多地表现出理性行为及理念。而在"政策市"中，投资收益主要来自各类证券的价差收益，投资者的投资理念具有投机性、短期性及从众性的特征。过度投机性、短期性和从众性使得广大投资者缺乏独立分析和判断的能力，同时也易受市场消息面的影响。

（3）政策对投资者的影响方式和程度不同。在成熟市场上，投资者对政策信息的接收表现出间接性、差别化的特点。投资者对同一政策的理解存在较大差别，有些投资者认为是利好政策，但在别人看来可能是利空政策，进而导致投资者对同一政策做出相反的投资行为。在"政策市"中，广大投资者会更直接地受到政策的影响，在投资行为的调整上具有较强的趋同性。

三、心理测验题

Q1. 政策的发布与出台是否会影响到你对股票走势的预测？

A. 是　　　　　　　　　　B. 否

Q2. 中国股市被称为"政策市"，你认为政府在股市中是否扮演着重要角色？

A. 是　　　　　　　　　　B. 否

Q3. 当遇到股市大跌出现危机或者股市大涨出现严重泡沫的时候，

你认为政府应当采取行动吗？

A. 应当   B. 不应当

Q4. 你是否会购买并持有被政策扶持企业的股票？

A. 会   B. 不会

Q5. 对于股票的价值你是否有自己的估值方法，并在较长时期内并不随意改变你对股票价值的估计？

A. 是   B. 否

答案释义：

Q1. 若选择 A，则表明其对股票走势的预测及其投资行为除受到股票、发行股票上市公司信息的影响外，还受到政策的影响，因而存在"政策依赖性偏差"；反之，则不存在。

Q2. 若选择 A，则表明投资者认为政府在股市中扮演着重要角色。而政府在股市中的重要角色主要是通过其颁布的影响股票市场的政策来实现，所以选择 A 的投资者默认的是政策对股市具有重要影响。因而在其具体的投资行为中肯定会受政策的影响，也就是说投资者本身存在"政策依赖性偏差"；反之，则不存在。

Q3. 若选择 A，则表明投资者在遇到类似股市危机或泡沫时预期政府将会采取措施来缓和危机或者减少泡沫。因而其在做出投资决策时会考虑政府的政策干预，预测政策干预方向，按照其对政府政策的预期做出投资决策，也就是存在"政策依赖性偏差"；反之，则不存在。

Q4. 若选择 B，则表明对于投资者而言，发行股票的企业是否被政策扶持并不是其做出投资决策时考虑的主要因素，其购买哪只股票并不完全受政府政策是否对其有利的影响，因而并不存在"政策依赖性偏差"；反之，则存在。

Q5. 若选择 A，则表明投资者在做出买入或卖出一只股票前，对

该只股票的价值做出了自己的估计，并且这种估计并不受政策颁布的短期影响，而是出于其对股票价值的长远估计，所以不存在"政策依赖性偏差"；反之，则有可能存在。

第二节　暴富心理

一、概念界定

股市是产生神话的地方，许多人梦想"一日富百万"，很多股民都是抱着这样的心态入市的，我们将这样的心理定义为"暴富心理"。在开办深沪两地股市的初期，确实有一部分投资者发了大财，成了拥有百万元以上的富翁。但是，随着深沪两地股票市场逐步走向规范和成熟，现在要想在股票市场中赚个钵满瓢盈就不是一件轻松的事情了。可是，有的人看见别人在股市上赚了钱，就不顾一切地冲进股票市场，毫不考虑股市的风险，一心做着发财梦。股市是有其内在运行规律的，有涨也有跌，有高峰也有低谷。事实上，常常有股市的基本面或公司业绩发生突然性的转变，市场行情走低，公司股票暴跌，同时有很多投资者难以做出快捷的反应，持有购入的股票在高位被深深套住，结果，只能看着股价一天天下跌。

投资者迫切希望尽快得到丰厚的投资回报而将风险的回避放在次要的位置，这正是人类贪婪本性在股市中的体现。进入股票市场的投资者大都是为了赚钱，并且由于一些报刊的不正确引导，可以说进入股市中的股民很多都是为了获取额外收入，甚至是期待一夜暴富。所以，抱有这样心态的投资者在进行投资的过程中，往往不会过多考虑

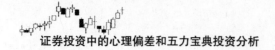

股市整体走势的强弱，也不会关注个股价格的高低，认准购入后，就幻想能够有50%甚至100%的收益。这样一来，大众的投机心理必将大大增强市场的投机性，股票市场出现的剧烈震荡，就是随着广大投资者的投机性需求相伴而生的。

二、案例分析

暴富心理在股市中最直接的表现就是在连续暴涨的情况下急忙介入，很少考察股票的基本面和技术面，在暴富幻想的驱使下急切地进行搏杀，类似于赌博心理。

因富奥汽车零部件股份有限公司拟借壳上市，已经走在退市边缘的 *ST 盛润 A "起死回生"。这一切源于在该公司复牌之前的一纸重组公告。2011 年 8 月 9 日晚间，*ST 盛润 A 重组公告披露，拟以 4.3 元/股的价格，新增 9.38 亿股换股吸收合并富奥股份，吸收合并完成后，*ST 盛润 A 将作为存续公司承继及承接富奥股份所有资产、负债、业务及人员等，富奥股份的法人资格被注销，其股东将换股成为合并后存续上市公司股东。

然而好景不长，随着 2011 年 9 月 26 日巨量现售股解禁，*ST 盛润的股价终于撑不住，9 月 26 日复牌即以跌停板开盘，全日交易清淡，并以一字跌停收盘，随后连续七个跌停板。*ST 盛润在连续 18 个涨停板启动时，股价接近 10 元，而 17 日收盘 13.99 元，*ST 盛润 A 股价的涨幅神话被此轮解禁股打回原形。*ST 盛润于 2011 年 10 月 15 日发布公告称，公司于 2011 年 10 月 14 日接到公司第三大股东中国东方资产管理公司（以下简称"东方资产"）书面通知，东方资产自 2011 年 8 月 18 日至 2011 年 10 月 12 日，通过深交所减持 *ST 盛润 A 股份 345.855 万股，占公司总股本的 1.2%。致使股票迎来了长时间的盘整，其后更进一步下探至 2012 年初的 6.75 元。如图 2-2 所示。

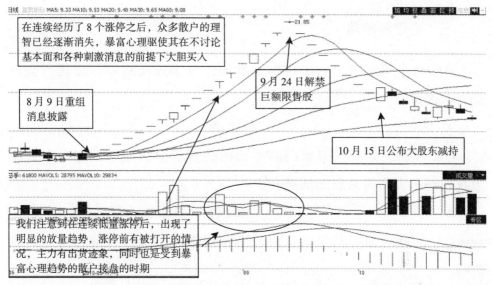

在连续经历了 8 个涨停之后，众多散户的理智已经逐渐消失，暴富心理驱使其在不讨论基本面和各种刺激消息的前提下大胆买入

9 月 24 日解禁巨额限售股

8 月 9 日重组消息披露

10 月 15 日公布大股东减持

我们注意到在连续低量涨停后，出现了明显的放量趋势，涨停前有被打开的情况，主力有出货迹象，同时也是受到暴富心理趋势的散户接盘的时期

图 2-2　*ST 盛润 2011 年 8 月 9 日至 2011 年 10 月 15 日走势

在此轮巨幅震荡中，最高涨跌幅达到 265.9%，特别是连续 7 天的跌停时都以大额卖单封盘，受暴富心理影响而趋之若鹜的散户投资者遭受了巨大损失。

实际上，由于主营情况不断恶化，*ST 盛润 A 已长期处于无主营业务的状况，2009 年至 2011 年 8 月，公司仅剩 8 名员工。

而根据公告显示，自 2008 年至 2011 年一季度，该公司的营业利润都处于亏损状态。虽然本次介入重组的富奥股份资产较为优良，但由于 *ST 盛润 A 此前负债较高，除了重组之外，*ST 盛润 A 还提出了以股抵债的方案。不过，国元证券投资咨询总监康洪涛在接受《中国经济周刊》记者采访时表示，这种 ST 股价的上涨与炒作与主力资金的操作有关。

康洪涛说："股价炒得过高以后，我们不能看出它用什么去支撑股价，即使重组成功，它未来的收益性也很难预估，所以目前看来还是投机性的气氛比较浓。"

三、心理测验题

Q1. 当一只股票突然出现爆发性地连续增长或涨停，你是否会在此时考虑追涨？

A. 是　　　　　　　　B. 否

Q2. 虽然明知某只股票的基本面的经营状况很差，但你是否会因为有内部重大利好消息而选择介入？

A. 是　　　　　　　　B. 否

Q3. 你会因为朋友偶然获得的高额回报而考虑与其持有同一只股票吗？

A. 是　　　　　　　　B. 否

Q4. 你是否一直只想着能买到能涨停甚至连续涨停的股票？

A. 是　　　　　　　　B. 否

Q5. 当你正持有一只连续涨停的股票时，你是否觉得难以因为一点风吹草动就出货而放弃获利的机会？

A. 是　　　　　　　　B. 否

答案释义：

Q1. 若选择 A，说明你容易被表面的情况而打动，为了争利而忽视风险，被表面现象迷惑，易发生"暴富心理偏差"。

Q2. 若选择 A，说明你对机会的把握有些莽撞，容易被一些小道消息和未被证实的信息所误导，易发生"暴富心理偏差"。

Q3. 若选择 A，说明你对待他人既成的获利事实存在心理上的不平衡，因为获利的诱惑而忽视了技术面和基本面的真实信息，易发生"暴富心理偏差"。

Q4. 若选择 A，说明你易发生"暴富心理偏差"，一味追求获得超额利润，可能会丧失一些稳健的获利机会。

Q5：若选择 A，说明你易被暂时的胜利冲昏头脑，失去冷静，到手的暴利让你乱了方寸，可能会发生"暴富心理偏差"。

第三节 情感依托

一、概念界定

"情感依托"是指投资者将对股市进行投资而产生的情感上的效用与使用其财富进行消费而产生的效用相比较和权衡，进而做出是否要将个人或家庭的主要财富投资于股票市场的价值观。若投资者取得的财富无法支持其消费行为时，股市投资便会成为其选择；相反，若可以支持其消费行为，则不会投资于股市。个人投资者主要由中小散户组成，中低收入的家庭居多，收入来源主要为工资。这类投资人群进入股票市场的时间较短，投资欲望十分强烈，普遍将家庭资产中较大部分投入股市，具有对股市投资强烈的"情感依托"，同时，他们共同具有投资知识和经验的匮乏、抗风险能力弱的缺点。情感依托于股市的原因有：

（1）我国资本市场投资渠道较少。以下是几种对普通居民而言相对熟悉的投资方式：银行存款、股票、房地产、基金、债券、期货、黄金、古玩收藏等。下面对这几种投资渠道做一个简要的比较。2008 年受金融危机影响，人民币对外升值对内贬值，国内通货膨胀严重，CPI 一度超过 6%，"蒜你狠"、"姜你军"等现象层出不穷，银行利率实则已成负利率，居民财富大幅缩水，大量居民存款流出银行。老百姓纷纷把钱投资于房地产以抵御通胀带来的损失。但从 2011

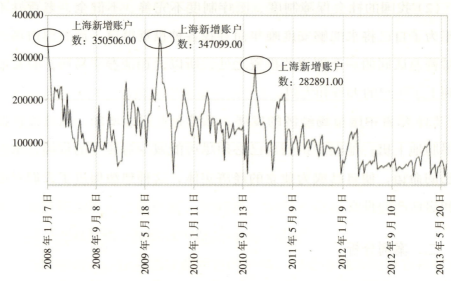

图 2-3　2008 年 1 月 7 日至 2013 年 5 月 20 日上证账户数与股指关系

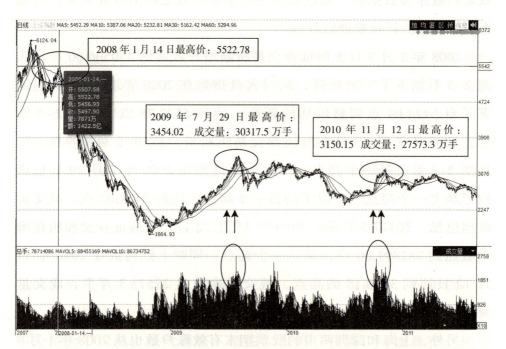

图 2-4　2008 年 1 月 14 日至 2010 年 11 月 12 日上证指数与成交量的关系

从上述的数据我们可以发现，在下跌后的调整过程中，每当新增开户数达到最大值，股价也来到高位，成交量也会突然放大，而后股市便会出现一波下调，这印证了股市中一个常见的道理，当开户数越多时，股价越有可能下跌。

三、心理测验题

Q1. 股市是否能够给你带来回报？

A. 是 B. 否

Q2. 在现有的投资方式中，股票是你的首选吗？

A. 是 B. 否

Q3. 如果收入不能满足消费，你是否会将自己大部分收入投入股市而推迟消费？

A. 是 B. 否

Q4. 是否认为股市给你带来的回报高于你的工作收入？

A. 是 B. 否

Q5. 股市的波动是否会影响你的情绪？

A. 是 B. 否

答案释义：

Q1. 若选择 A，说明投资者有投资于股市的倾向；反之，则相反。

Q2. 若选择 A，说明股票市场对投资者而言可能是最熟悉、最了解的投资方式；反之，则相反。

Q3. 若选择 A，说明投资者可能推迟消费而将收入投入到股市中，投资人有情感依托的可能性；反之，则相反。

Q4. 若选择 A，说明投资者可能或已经将大部分时间和精力投入到了股市，并取得了回报，将来投资依赖于股市的可能性较高；反之，则相反。

Q5. 若选择 A，说明投资者已经在股市中陷得较深，情感依托现象明显；反之，则相反。

第四节 赌博心理

一、概念界定

人们对自己未来活动的预期总是抱以积极的想象，幻想好的结果，微观经济学对此曾给予"风险爱好者"的定义。换句话说，人们普遍认为自己的"运气"会在将来好转。因此，对大多数股民来说，在购入一只股票，进行任何一项投资行为时，必定已经先认为这项投资或这只股票是能够盈利的。赌博心理描述的是投资者贪婪和乐于冒险的心态。人在本性上都有逐利动机，股民身上常见的特征就是贪婪。许多股民因为贪婪而失去理智，影响客观判断，不自觉地置自己于危险之中。总幻想在最高位抛出手中的股票，在最低位购买看好的股票。贪婪的结果不是踏空就是被套牢，在应该进场的时候反而割肉出场，在应该出场的时候反而追高买入而深套其中。赌博行为从经济学的角度看，基本上属于"零和博弈"。

投资者总是朝着好的一面对未来进行预期，具体来说，投资者认为价格低于其自身所具有的价值和潜力的股票才具有升值的空间。投资者在购买股票时，首先认为它会涨，如果股票真的涨了，投资者认为是理所当然，心理上得到满足；若股票跌了，则心理上的落差会让投资者很难接受眼前的现实。所以，在股价上涨时，投资者会急于将股票出售，获取收益；而在股票出现下跌时，却不会及时止损卖出，

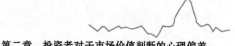

而是继续等待观望，希望股价能反弹。持有连续下跌股票的比例要远高于持有连续上涨股票的比例，股价越跌投资者越难以"割肉"，因此很多股民长期被套。

中国股票市场经过 20 多年的快速发展，已经成为广大民众投资的重要渠道。有人在股市里获得巨额财富，有人在股市里倾家荡产；股市是一个制造神话的地方，也是一个制造悲剧的地方；股市给人以希望，也给人以绝望。在我国股票市场，以中小投资者为主力，个人投资者账户占 99.97%，其中小户和散户占 88.08%。他们资金量较小，知识经验相对贫乏，信息来源途径单一、不正规且掌握比较滞后，对政策的把握不够精准，抗风险能力差等，在股票买卖过程中容易出现一些心理偏差。由个体认知、情绪、态度、动机、意志等组成的一个非常复杂的心理结构对其投资行为进行调节控制，容易使投资者做出错误和非理性决策，出现一些非理性行为。

二、案例分析

图 2-5 是宏达新材（002211）2011 年 10 月至 2012 年 3 月的股价走势，在 2011 年 11 月 7 日股价达到这段时间的最高点，为 11.20 元，此后经过一个震荡以后股价开始下跌，在 2012 年 1 月 6 日达到这段时间的最低点，为 5.82 元。在 2011 年 11 月上旬到 11 月下旬期间买进这只股票的投资者认为这只股票的价格会继续攀升，即使股价有所下降，他们仍然死守这只股，成为站岗人。受损失厌恶、后悔厌恶和赌博心理的影响，投资者保留手中的股份，甚至买进股票加仓，等待股价上涨。然而，事与愿违，股价一路狂跌，跌破了股票的成本价，投资者严重受损。

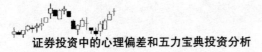

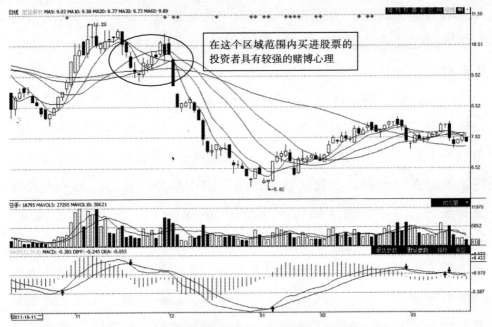

在这个区域范围内买进股票的
投资者具有较强的赌博心理

图 2-5　宏达新材 2011 年 10 月至 2012 年 3 月的股价走势

宏达新材股价在短短两个月里大幅波动，跌幅尤其明显。通过搜集相关资料，分析宏达新材股价在 2011 年 11 月 30 日之后到 2012 年 1 月 6 日大幅下降的原因可能有以下几点：宏达新材公司董事、高管减持公司股票；公司内部存在内幕交易嫌疑；公司信息（公司保荐代表人变更等）披露滞后。许多散户对公司的这些信息获取渠道闭塞，无法对自己的投资决策做出及时调整，加上投资者受心理因素的影响，主观认识不足，导致投资失利。

三、心理测验题

Q1. 你是一个喜欢冒险的人吗？

A. 是　　　　　　　　　　　B. 否

Q2. 如果投资损失了部分钱，你是否能承受？

A. 是　　　　　　　　　　　B. 否

Q3. 当某只股票价格很有可能狂飙，而你的资金又不够时，你是否会选择借债买入或者卖掉其他股票买入这只股票呢？

A. 是　　　　　　　　B. 否

Q4. 你购买一项投资，在一个月后跌去了 15% 的总价值。假设该投资的其他任何基本面要素没有改变，你是否会继续持有它？

A. 是　　　　　　　　B. 否

Q5. 你的好朋友和邻居与一个国际知名的矿物学者组成一支寻找金矿的研究小队，如果成功找到金矿的话，每人都可享受到高达 50~100 倍的回报；而如果失败的话，小队成员都将血本无归。据你的朋友估计，这项探险成功的概率大约为 25%。假设你具备足够的资金和条件，你是否愿意投资该项目？

A. 是　　　　　　　　B. 否

答案释义：

Q1. 这道题主要测试被试者的自我认知，判断自己是否属于冒险型，若喜欢冒险，则被试者有风险偏好，具有赌博心理。

Q2. 这道题主要测试被试者对损失的态度，如果被试者能够承受部分损失，则表明他有较强的风险承受能力。

Q3. 这道题主要测试被试者对待"利诱"的态度，在投资利诱面前是否会为其所动，尤其在资金短缺的情况下，若选择借债买入或者卖掉其他股票买入这只"利诱"股票，则说明该投资者有较强的投机或赌博心理。

Q4. 这道题主要测试被试者在面对投资损失时，是否会持乐观态度，继续持有该股票。若投资者继续持有它，说明他对该股价上涨持乐观态度，愿意赌一把。

Q5. 这道题主要测试被试者对待不确定事情的态度。若被试者选择投资，则他对该投资期望值具有风险探求，有较强的赌博心理。

第三章　投资者对股票信息分析的心理偏差

由于股票市场的动态波动特性和不确定性，股票市场中的个体投资者是有限理性的，投资者往往由于依赖易得信息而产生可得性偏差，对股票信息进行决策时产生的框架效应和分离效应，在收集和处理股票信息时会产生锚定心理和投资者在股票信息判断时的代表性偏差。

第一节　可得性偏差

一、概念界定

人们由于受记忆力或知识的局限，在进行预测和决策时，大多利用自己熟悉的或能够凭想象构造而得到的信息，导致赋予那些易见的、容易记起的信息以过大的比重，而对大量的其他必须考虑的信息"视而不见"。考虑行为金融学（Behavioral Finance，BF）将经济活动的主体看作"行为人"，认为人的心理因素在金融决策中扮演着重要的角色，形成了关于金融市场运行的独特分析范式，为人们提供了感知金

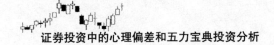

融市场的方法。行为金融学的一个重要主题就是投资者的非理性，在金融投资的活动中，投资者由于受到心理因素的影响，会出现各种决策行为偏差（Decision and Behavior Biases）。

人们所应用的问题解决策略可分为算法和启发法两类。算法（Algorithm）是一套用来处理问题的规则，它精确地指明解题的步骤。如果一个问题有算法，那么只要按照其规则进行操作，就能获得问题的解，这是算法的根本特点。启发法（Heuristics）又称经验法则或拇指法则（The Rule of Thumb），是凭借经验来解题的一种方法，这是一种捷径思考，是简单、笼统地解决问题的规律或策略。人类解决问题，特别是解决复杂的但不需要特别精确的问题时，通常会应用启发法。启发法主要有三种：代表性启发法、可得性启发法、锚定与调整启发法。

这些信息只是应该被利用的信息的一部分，没有考虑到的信息也是影响正确评估的信息，但人们的直觉推断却忽略了这些因素。人们通过不费力地回想出的信息进行概率推断，结果导致判断误差。Kahneman 与 Tversky（1974）提出人们在面对不确定结果而做出预期的时候，常常违背贝叶斯法则或其他关于概率的理论，他们将这类现象称为可得性偏差。Penning 和 Hastie（1975）认为，由于人们不能从记忆中获得决策所需的全部信息，所以在信息加工时往往会出现可得性偏差。

可得性偏差主要表现在两个方面：

1. 可提取性导致的偏差

在根据某一类别事例的可得性来判断类别的大小时，事例易于提取的类别会比频率相等而事例较难提取的类别显得数目更大。行为心理学家曾经做过这样一个实验：实验者先给受试者听一份男女名人的名单，然后要求他们判断名单中男性的名字是否多于女性的名字。实

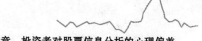

验者将不同的名单提供给不同的受试者群体，在某些名单中男性相比女性更为著名，而在其他名单中女性相比男性更为著名。对于每份名单，受试者都错误地判断名人更多的类别，就是数目更大的类别。

　　2. 鲜明性导致的偏差

　　人们亲眼看到一所房子发生火灾的感受，比他在看电视、报纸报道一则火灾的感受更为强烈。而且，最近发生的事件可能比较早发生的事件更容易回忆起来，这就是近因效应的影响。

二、案例分析

　　可得性偏差在股市的投资过程中集中表现为投资热门股票。有可得性偏差的投资者大都不经过认真的分析和深入的推敲就选择股票，而他们选择股票所依据的信息往往是唾手可得的，如公司的新闻、媒体的热捧、其他不理性投资者的建议、自己的记忆或想当然的想法和理念。

　　图 3-1 是重庆啤酒（600132）2011 年 11 月 15 日至 2012 年 1 月 20 日的股票走势。从 64.2 元/股，一路飙升至 83.12 元/股，随后又经历大跌，直至 20.16 元/股。如坐过山车般的股价让股民也经历了大喜与大悲。

　　1998 年，重啤集团与重庆大学、第三军医大学等科研机构联手成立佳辰生物工程有限公司，研制开发具有自主知识产权的国家一类新药 DD 乙肝治疗性多肽疫苗，开创啤酒企业进入高科技生物制药领域之先河。由于有乙肝疫苗的概念，重庆啤酒的股价从 8 元/股一路上涨至 80 元/股。每一次乙肝疫苗的进度报告都会成为重庆啤酒大涨的契机。重庆啤酒会定期向社会公布乙肝疫苗研究进度公告，以刺激投资者进行投资。进入 2011 年 11 月，公司宣称乙肝疫苗的实验即将成功，各路媒体也纷纷涌进这一行列，媒体更是宣称疫苗研制即将

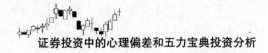
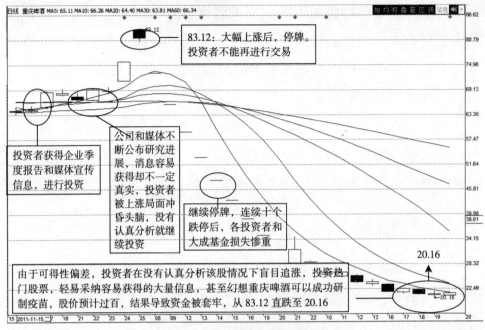

图 3-1 可得性偏差股票走势

成功等。

　　由于有先前涨势，再加上媒体的鼓吹，在众多的信息面前，人们并没有冷静客观地分析该股票的股价、公司研究疫苗的实力以及信息的真实性等。而是在一片涨势面前纷纷推测该股票必将上涨至每股百元。更有甚者认为长期投资该股票，一辈子就不用再踏足其他股票了。

　　1. 关于重庆啤酒的案例分析

　　在重庆啤酒的投资者中，大成基金管理公司旗下多只基金重仓持有超过 4000 万股，占比超过公司总股份数的 10%。重庆啤酒的一路上涨，最高时为大成基金带来超过 20 亿元的账面浮盈，大成基金也一度与重庆啤酒紧密合作。由于重庆啤酒疫苗研究远未达到市场的预期，该股迎来连续暴跌。

　　2011 年末，重庆啤酒迎来了第 11 个跌停板，股价从 80 多元狂跌至 20 多元，市场缩水超过 200 亿元。"大成系"基金终于还是放弃了

坚守了三年的重庆啤酒，在 2011 年四季度大幅减持。为此，大成基金以重庆啤酒董事长黄明贵在此次事件中不尽责为由提出罢免议案。结果，大成基金提出的罢免董事长议案仅获 2.4834% 的到场股份支持而未被通过。大成基金关键时刻的退缩，也为重庆啤酒乙肝疫苗闹剧画上了句号。

受到重创的不仅仅是大成基金，受到大成基金品牌影响和媒体热捧影响的广大股民更是重创连连。在重庆股票股价由 20 多元猛升至七八十元时，媒体就放风预测，重庆啤酒一旦研制出疫苗，一定会成为中国股市的又一匹黑马，股价会过百元。不辨信息的投资者就在这时投资，坐等股价过百。然而，重庆啤酒的上涨趋势却在 83.12 元/股时戛然而止。更让投资者猝不及防的是，本来前景看好的股票接下来就是多天的停牌，并且"十连跳水"，股价一路狂跌，十天连续跌停。投资者损失惨重，纷纷被套牢。

其实，客观分析重庆啤酒，我们不难看出：首先，重庆啤酒即重庆啤酒集团有限责任公司是以啤酒为主业，致力于啤酒、饮料以及相关产品的生产和研发的公司，并不是生物制药等领域的公司。其次，在多年乙肝治疗性多肽疫苗的进度公告上，其信息含糊其辞、拖沓推诿，并没有真实和准确地反映研究进度，只是在"吊胃口"。最后，主流媒体和纷杂报道之间的差异甚大。研制乙肝疫苗是一件关于国计民生的大事件，而反常的是，报道疫苗进展的机构一般都是小财经网站等，主流财经网站和媒体则对疫苗研究和公司发展持冷静态度。

2. 关于避免可得性偏差的建议

可得性偏差可能会给我们带来巨大的损失。那么在什么情况下，最有可能导致人们具有可得性偏差，而不是理性思考呢？阿伦森（Aronson，2001）研究显示了至少存在四种情况让人们丧失理性思考，而去选择非理性思考：①当时间紧急使得我们不能认真全面考虑某个问题时；②当信息负载过多，以至于我们不能对信息进行充分加工时；③当我们发现需要处理的问题并不是很重要，不需要太过思虑时；④当我们所需的知识或信息缺乏，而无法做出决策时。

所以我们应该对症下药，避免可得性偏差。通常，人们最容易想到的是曾经常常发生的事件或者是最近发生的惊动事件，但这些信息很有可能是不重要的，从而自然会产生判断上的偏差，因此，在使用可得性启发法时应该注意判断易得性信息，挖掘更多的信息综合判断。①用更多的时间去解读和分析股市行情，而不是妄加揣测和猜想。②去伪存真，去冗存精，留下真实、准确、明晰的信息，过滤掉无用或虚假的信息。③将投资决策作为重大的事件来对待，在战略和战术上都认真并严谨地对待。④预备投资前，要对股市的特点和自己的特点进行梳理和判断。掌握股市的相关知识，了解并深入研究准备投资的股票的来龙去脉，可以从宏观经济、微观经济、股票估值、自己的投资心理、企业等多个方面把握。做好认真的投资、负责的投资，避免不必要的风险和损失。

三、心理测验题

Q1. 你会在什么都不了解的情况下，投资热门股票吗？

A. 是　　　　　　　　B. 否

Q2. 你会不经过调查，凭借记忆中的好坏去投资股票吗？

A. 是　　　　　　　　B. 否

Q3. 没有经过认真的调查和深入的研究，你会投资觉得会上涨的股票吗？

A. 是　　　　　　　　B. 否

Q4. 媒体的报道和股民的评论通常会影响你的投资决策吗？

A. 是　　　　　　　　　　B. 否

Q5. 由于我国基础设施建设如火如荼，钢材消耗量极大。A 公司是钢材企业，你认为其股价一定会上涨吗？

A. 是　　　　　　　　　　B. 否

答案释义：

Q1. 若选择 A，表示你相信易得的信息，并不进行投资的研究和信息的深度挖掘。这样会导致盲目甚至是错误的投资。反映了你的投资具有可得性偏差。

Q2. 若选择 A，表示你凭借记忆投资，并不研究当下的投资环境和企业成长。这样会导致滞后的甚至是失败的投资。反映了你的投资具有可得性偏差。

Q3. 若选择 A，表示你常常按照期许和愿望去投资，而非可靠的研究和真实的信息。这样会产生盲目的投资。反映了你的投资具有可得性偏差和赌博心理等。

Q4. 若选择 A，表示你通常采纳可提取的信息，而并不深入研究信息的真实性和可靠性。反映了你的投资具有可得性偏差。

Q5. 若选择 A，表示信息的鲜明性对你的影响甚大，你很少深入研究信息，仅凭大环境和鲜明信息去投资，往往会忽略其余可用信息。反映了你的投资具有可得性偏差。

在 5 道题目中，如果你有≥3 选择"是"，那么，你的投资就有严重的可得性偏差，请在以后的投资中学会搜集和整理信息，并辨别信息真伪，在决策前认真了解企业状况等，而后再进行投资。

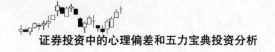
第二节　框架效应

一、概念界定

框架效应是指在风险决策中，通过对决策问题的语义做不影响其实质意义的简单改变，即可导致决策者的选择行为产生偏好逆转，当决策者在面对积极框架（Positive Framing）的表述时，其选择行为则倾向于风险规避（Risk Aversion），而当决策者面对消极框架（Negative Framing）的表述时，其选择行为则倾向于风险寻求（Risk Seeking），因而产生了框架效应。决策者在积极框架下会因觉察到收益而表现出规避风险的选择行为，但在消极框架下会因觉察到损失而表现出寻求风险的选择行为，即出现所谓的偏好逆转。

二、案例分析

深圳市振业股份有限公司的主业是房地产开发与经营，2012年底每股收益为0.277元，每股净资产为2.72元，每股公积金为0.6518元，主营收入同比增长59.74%，净利润同比增长108.4%，净资产收益率为10.62%。A股是供境内投资者投资的股票，B股是供境外投资者投资的股票，但是它是以人民币标明面值，以外币购买的股票，且A股和B股都是在我国境内上市的股票。

所以我们看一下，同一个企业，深振业的A股价格是6.33元，B股的价格折合人民币为5.03元，价格不一样，但是它们的价值是一样的，而且从深振业的A股和B股在前期的走势看，价格都是一直相差

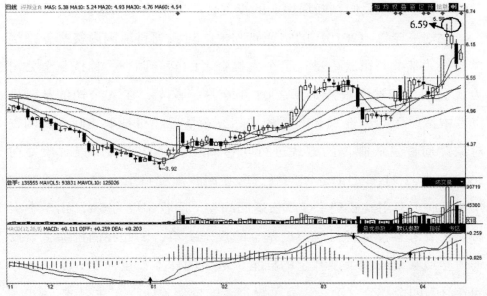

图 3-2 振业 A 股股票走势

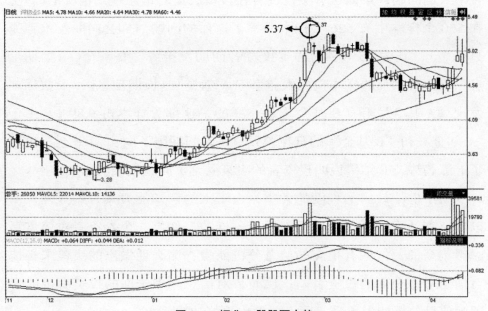

图 3-3 振业 B 股股票走势

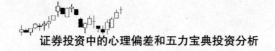

一倍左右。所以我们判断深振业的投资者产生了框架效应。

在刘玉珍等（2010）的实证研究中，对我国目前国内资产管理规模较大的基金公司之一进行了个人投资者的问卷调查，称该基金公司为 A 公司。问卷调查开始于 2008 年 6 月，首先，在 A 公司的基金投资者中按照年龄、性别和地区的实际分布情况随机抽取 10000 名调查对象并通过发放邮件的方式进行问卷调查。并且要求调查对象要在 2008 年 7 月 21 日之前返回问卷，问卷回收由项目组完成。截至 2008 年 7 月底项目组共收到了 599 份返回问卷，回收率仅为 6%。由于本次研究主要考察投资者对股票型基金的投资决策，因此我们排除了只投资债券型基金或货币型基金的样本，最后的样本数量为 550 个。调查问卷分为四个部分：第一，有关投资者的框架效应存在性测试；第二，有关投资者个人信息的问题；第三，有关基金提供信息的全面性和表现形式的问题；第四，有关投资者在投资决策时信息使用情况的问题。在 550 个样本中有 526 个样本回答了这样的问题（你会向朋友推荐哪只基金），其中 65.40% 的样本投资者向朋友推荐 "B 基金"（短期信息），有 24.71% 的样本向朋友推荐 "A 基金"（长期信息）；少数样本发现 "A 基金" 和 "B 基金" 是一样的，这部分样本占 9.89%。由于 "A 基金" 和 "B 基金" 的真正差异只是时间期限不同，"B 基金" 出现了上涨趋势。其结果说明投资者的决策受到了问题框架的影响。

关于框架效应的程度的大小，由于人的认知能力具有差异性，所以理解和认识同样信息的程度是不一样的。如果一个投资者对信息考虑得不全面，但他有很高的信息分析能力，那么他做出的决策未必比对信息考虑全面的投资者差；反而，对信息考虑全面的投资者可能会因为信息分析能力不高，而不能做出更好的决策。

三、心理测验题

Q1. 假设你有 6000 元投入股市，但是现在被套住了，你有两种情况可供选择：第一种情况，你能挽回 2000 元；第二种情况，你可能有 2/3 不能挽回，有 1/3 可能挽回。

A. 选择第一种情况　　B. 选择第二种情况　　C. 都一样

Q2. 假设你有 6000 元投入股市，但是现在被套住了，你有两种情况可供选择：第一种情况，你会损失 4000 元；第二种情况，你有 2/3 的可能全部亏损，有 1/3 的可能不会有任何损失。

A. 选择第一种情况　　B. 选择第二种情况　　C. 都一样

Q3. 假设你用 20000 元购买了 A 股票，15830 元购买了 B 股票，两只股票的价格都是 9.8 元，半年后，你发现 A 股票每股下跌了 19%，B 股票每股上涨了 24%。

A. 卖出 A 股票　　　　B. 卖出 B 股票　　　　C. 继续持有

Q4. 假设你用 20000 元购买了 A 股票，15830 元购买了 B 股票，两只股票的价格都是 9.8 元，半年后，你发现 A 股票每股下跌了 1.9 元，B 股票每股上涨了 2.4 元。

A. 卖出 A 股票　　　　B. 卖出 B 股票　　　　C. 继续持有

Q5. 假设你在银行有一笔钱，你选择有 1/2 的可能获得期限为一个月的 3% 的利息，还是选择 1/2 的可能性获得期限为一年的 36% 的利息？

A. 选择第一种情况　　B. 选择第二种情况　　C. 都一样

答案释义：

Q1. 若选择 C，恭喜你没有框架效应的偏差，因为理性并且风险偏好是中性的人会判别这两种情况是一样的。如果选择 A，那么你是风险规避型投资者。

Q2. 若选择 C，恭喜你没有框架效应的偏差，因为理性并且风险偏

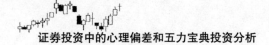

好是中性的人会判别这两种情况是一样的。如果选择 B，那么你是风险规避型投资者。同时如果你认为题 1 和题 2 的选择都是一样的，你是非常理性的投资者，没有框架效应的偏差。

Q3. 若选择 C，恭喜你没有框架效应的偏差，因为理性并且风险偏好是中性的人会判别你现在是没有盈亏的。如果选择 B，那么你存在处置效应，你是风险规避型投资者。

Q4. 若选择 C，恭喜你没有框架效应的偏差，因为理性并且风险偏好是中性的人会判别你现在是没有盈亏的。如果选择 B，那么你存在处置效应，你是风险规避型投资者。

Q5. 若选择 C，恭喜你没有框架效应的偏差，因为理性并且风险偏好是中性的人会判别你现在是没有盈亏的。

第三节　分离效应

一、概念界定

分离效应是指人们想等到信息显示后再进行决策的倾向，即使这些信息对决策并不真的重要，也要等到信息显示时才采取最终的决策。

决策者在决策时存在短视（Myopia）。学术上称为"分离效应"（Isolation Effect）。例如，Tversky 和 Shafir（1992）让被试者假想自己刚刚玩了一个 50% 可能赢 200 美元，50% 可能输 100 美元的游戏。结果发现，在知道自己赢了的情况下，很多人选择再玩一次同样的游戏；在知道自己输了的情况下，很多人也选择了再玩一次；然而，在不知道第一次是赢还是输的情况下，很多人拒绝再玩一次。Tversky 和

Shafir（1992）把这一违背确定性原则的"不合理"现象称为分离效应（Disjunction Effect）。

在管理心理学中，人们把分离因素引起的心理效应现象，称为分离效应。

这种现象在现代女性中尤为突出，经调查有 33.3% 的女性有过跳槽经历。在学校这种现象也十分明显。美国心理学家 R.布什对此进行了研究（1970）。他认为在大多数学校系统中，那种论资排辈制度使得很多决心献身教育事业的满腔热情的年轻教师大失所望。因为新教师最缺乏经验，但是给他们教的班或学生总是最困难的，因此，他们的负担最重，压力也最大，而且工作上的失误常常受到最严厉的批评，再加上继续教育的学习任务以及各种社会兼职工作，压得他们气都喘不过来。在这种名誉、地位、经济收入等总是处于下等，工作、压力等总是处于最强时，新教师常常会莫名地感到茫茫长夜何时休的感觉，因此，工作热情慢慢地减低了，积极性也没了，出现了一种想分离的力量。心理学家柯莱 1970 年的观察研究指出，工资的差别可能是聘用新教师的一个因素，但是在决定离职上它是极不重要的因素。另外，老教师没有年轻教师工作有成效，以及"消极人际关系"等心理因素，也有十分明显的效应。

分离效应真是如这两位专家分析得那样产生的吗？其实，产生的因素还要复杂，以下几方面因素都是产生分离效应的重要因素。

（1）感觉不好。在原单位工作也说不上什么不好，但总的感觉不是最好，有自我实现感缺乏的原因、个性无法表现的原因、人际关系不合的原因、工作不甚适应的原因、有劲使不出的原因、被压抑的感觉、被压在最底层的感觉、被性骚扰的感觉，等等，一句话，感觉不好，因此，总想换换新环境，以求感觉更好些。因此就产生了分离效应。

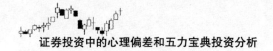

（2）外面的世界太精彩。由于对外面世界的好奇，因此，总想到围城外面去闯荡。这种以为外面世界总是精彩的内驱力就促使他去外面大干一场，并认为在外面有自己的用武之地，能出人头地。因此就产生了分离效应，大胆地离开了原单位。

（3）积累经验，寻找最佳发展空间。一般招聘单位在招聘条件中往往会有需 3 年或 3 年以上的工作经验这一条。这实际上也为这些人寻找比原单位更好工作环境或待遇提供了优越条件。因此许多人不愿意长期从事某项工作或长期待在某一单位，有时也确有"外来和尚会念经"的现象。目前许多单位引进人才时就有这种现象，以致原单位的一些优秀人才流失，即产生分离效应。当然，更重要的还是这些人想到外面去锻炼，给自己再施加压力，从而迈向更高台阶。

（4）厌倦原有工作。许多工作常常是机械单调，缺乏兴味、缺乏挑战性，也无发展空间。这种对工作厌倦的心理，就会迫使人们去寻找自己感到更有乐趣的、富有挑战性的也有发展空间的工作，因此，也会产生分离效应。

（5）工作压力过大。正如 R. 布什研究的那样，想分离出走的人多是因为压力过大而待遇过低。这是产生分离效应很重要的因素。

（6）双向选择的人事制度。在过去的"人才单位所有制"年代，如果有上述这些主观因素要想分离也是办不到的，当然产生的分离因素会造成消极怠工等现象，但不可能产生跳槽这类分离效应现象。而现在人才可以流动，可以双向选择，因此，也为产生分离效应提供了有利条件。

二、案例分析

图 3-4 是东方电子的股票走势，从 2012 年 1 月 5 日到 3 月 5 日总体呈上升趋势，在 2 月 21 日出现一个拐点之后继续上升，且成交量较

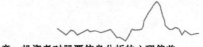

前后数量较大。本来可以在拐点出现之前或者最高点之前入手的一些人，却在等到"两会"一些利好的消息之后才买进，而东方电子的股价却在 3 月 14 日 "两会"闭幕之后出现连续下跌，这就是因为分离效应的作用。

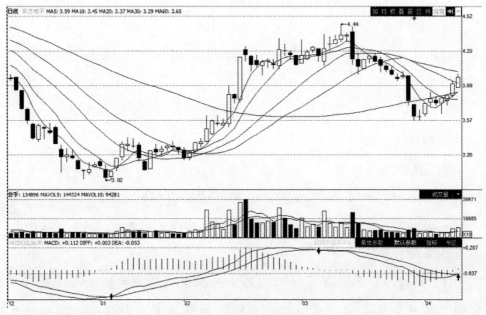

图 3-4　分离效应股票走势

完全理性还意味着决策者对于每个抉择的后果都完全了解。事实上，人们对于自己的行动条件的了解都是零碎的。人的精力和时间永远是有限的，所以人不可能完全理性，不可能完全掌握所有的信息，也不可能搜集到他所需要的全部信息。另外，人们也要意识到搜集信息是需要成本的。因为我们必须付出大量的精力和财力等来搜集所有信息，企图做出收益最优的决策行为反而有时是最不理性的行为。

三、心理测验题

Q1. 在旅游景区，有一个投掷项目，每投一次 10 元，投中得一个价值 20 元的玩具，投不中不得。你会选择玩吗？

A. 会 　　　　　　　　　　　　B. 不会

Q2. 如果你第一次投中，你会选择投第二次吗？

A. 会 　　　　　　　　　　　　B. 不会

Q3. 如果你第一次没有投中，你会选择投第二次吗？

A. 会 　　　　　　　　　　　　B. 不会

Q4. 在不知道自己第一次会不会投中的情况下，你会选择投第二次吗？

A. 会 　　　　　　　　　　　　B. 不会

答案释义：

Q1. 选择 A。作为一个非完全理性的自然人，在不知道其他人玩投掷游戏的成功率大小且不考虑自己是否擅长投掷的情况下，任何人都会有一定的风险偏好倾向，尤其是成本相对较小的时候（10 元每次），因此会选择投掷。

Q2. 选择 A。成功了第一次之后，至少说明此次投掷活动还是存在较明显的胜出机会的，在自己已经获益的情况下，即使第二次行动失败自己总体也未吃亏，何况还有进一步扩大战果的机会。

Q3. 选择 A。在第一次尝试未果之后，会觉得"不会对同一个人关闭两扇窗子"，在一次偶然事件发生之后，有理由相信它不会再发生第二次，因此为了赢回自己所投入的成本，仍然会二次尝试。

Q4. 选择 A。此次尝试完全可能仅仅为了满足个人的好奇心，以较小的成本进行了某次风险相对较大的投资，在结果未知的情况下，再次没有明确性地投入是不现实的。

第四节　锚定心理

一、概念界定

"锚定"是人们在作决策和判断时经常采用的一种方法，即先把自己"锚定"在某个事物上，然后再在这个基础上进行调整。这样的心理所产生的效应，称为"锚定效应"，就是指当人们需要对某个事件做定量估测时，会将某些特定数值作为起始值，起始值像锚一样制约着估测值。

Tversky 和 Kahneman（1974）在一项研究中，先让被测试者启动未来之轮（一种上面有很多数字的转盘），让被测试者先看转盘上的数字，让他们知道这些数字是随机的，然后再估计另外一个事件（如加入联合国的非洲国家）的数量。结果，Tversky 和 Kahneman 发现，面对具有较小数字的轮子时，被测试者估计了一个较小的数量，而面对具有较大数字的轮子时，被测试者则估计了一个较大的数量。

1. 锚定心理在现实生活中的表现

锚定心理告诉我们，人们的观点会影响收集和处理信息的方式。最初得到的信息会制约他对事情的估计。如商场、超市的打折促销就是利用了购买者的锚定心理。超市的促销活动经常会在活动商品的标签上写下原价和现价，如原价是 20 元的东西，现价写上 10 元。而写上的原价就无形中给消费者心理下了锚一样，起了"沉锚效应"，使消费者内心认定这件东西原价就是 20 元，而一看现价是 10 元，这时锚定心理开始发生效应，相比之下，消费者会果断购买。尤其商场衣服在打折时，这种现象更是普遍。然而原价到底是多少，我们也不得而

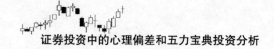

知，因为商家可以通过改写、更换标签的方法抬高原价，让消费者误以为原价和现价之间的差额很大而刺激购买心理，这种利用锚定心理的做法在现实生活中很普遍，再比如新闻媒体对明星的报道，会左右我们对明星个人形象、素质等的看法，比如"甄子丹和赵文卓的骂战"等。因此认识和运用锚定心理会帮助我们更清楚地认识事物。

2. 锚定心理在投资中的表现

"有时候投资者会坚守某些不断下跌的股票，一个原因是他们的'锚定'心理，因为他们认定了这些股票的购买价就是其真正的价值；然而有的投资者还会因为某种共有基金的回报率只有 7% 而将其抛售，因为他们将这种基金的回报率锚定在过去十年的更高水平上。在牛市期间，人们往往将目光投向年利润率很高的股票，而且希望这些股票的表现会更好，产生过高期望；但是在熊市期间，人们关注的却是那些跌得很惨的股票，同时，他们的情绪也随之变得过分的悲观保守。"爱德华·鲁素的这段话揭示了投资过程中的锚定效应。

在《我国证券咨询机构的锚定心理分析》一文中，徐茂卫和王栎认为锚定心理在证券市场中表现为，过去的标准如以前的股票价格或价格趋势等信息影响投资者对未来的判断。研究中，他们把投资者分成三组：第一组为大型投资者，以华尔街专家为代表；第二组为中型投资者，以专栏分析师为代表；第三组为小型投资者，以个体投资者为代表。通过看涨情绪指标、看跌情绪指标、日报酬率和周报酬率等指标的相互关系，得出结论：我国的专业咨询机构对股市走势的预测存在较严重的锚定心理偏差，存在非理性的情绪和心理因素，表现出持续型的、系统的锚定偏误现象，无法基于复杂多变的资讯对股市的走势做出理性预期。

在《通胀预期中的锚定效应及对经济决策行为的影响》一文中，马希荣从外部锚和内部锚（专业知识经验）不同角度，分析投资行为的

影响因素，得出结论：外部锚值影响产生的不同高低通胀预期，不同程度地影响着人们的投资决策行为，预期的高低明显影响着投资储蓄，在其他方面如股市投资、风险投资、房产投资等的影响差异不是很大。专业知识对于投资决策影响极其显著。经济知识内部锚可能成为影响人们决策结果的主要因素。

二、案例分析

图 3-5 是 600048 保利地产的 2006 年至 2013 年 4 月 10 日的股市走势图。2007 年其股价为每股 98.58 元、2008 年为每股 79.45 元、2009 年为每股 32.31 元、2010 年为每股 10.03 元、2011 年为每股 8.42 元、2012 年为每股 11.32 元。虽然其股价从 2007 年至今几乎一直在跌，但是其成交量却是有增无减。在股票市场上的买卖一直很活跃。笔者认为可能是股民把 2007 年、2008 年、2009 年的高股价作为该股的锚值，投资者坚守这只不断下跌的股票，一个原因是他们的"锚定"心理，因为他们认定了这些股票的购买价就是其真正的价值。

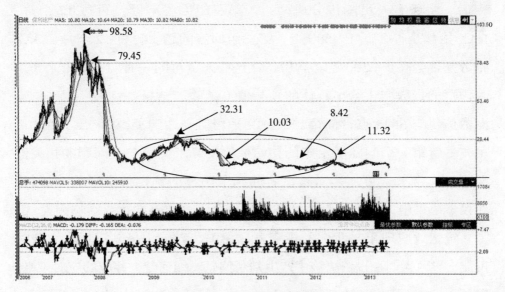

图 3-5　锚定心理股票走势

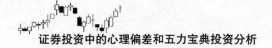

　　表 3-1 是通过年报做出的每股净资产比较表。因为保利地产属于房地产行业，通过观察房地产行业排名靠前的招商地产和万科 A 的年报，可得知保利地产的每股净资产还是比较高的，可能投资者根据这项指标得出的数值在心中产生了锚值，认为该只股票虽然现在股价低，但是其实际价值还是很高的，值得长期持有，因而在投资决策时，"锚定心理"使其做出投资的决定。

表 3-1　每股净资产

单位：元/股

股票代码	股票名称	年　份					
		2006	2007	2008	2009	2010	2011
000024	招商地产	5.60	9.35	8.65	9.48	10.60	11.89
600048	保利地产	6.61	9.73	5.74	7.13	6.49	5.93
000002	万科 A	3.42	4.26	2.90	3.40	4.02	4.82

　　投资者行为学家 Stephan 和 Kiell 曾对专业投资者做过测试。他们给被试人员每人发一张数据图表，图表内容是德国证券市场最具代表意义的 DAX 股价指数在过去 20 个月内的变化情况。在被试者看过图表后，将所有人员随机分成两组。第一组回答问题：再过 12 个月，DAX 指数是否会低于 4500 点；第二组回答问题：再过 12 个月，DAX 指数是否会高于 6500 点。然后，让这些人员对同一时期（如未来 3 个月内）的指数变化给出具体的预测值。试验的结果是：第一组平均预测数值仅有 5648 点，而第二组预测平均值则达到了 5930 点。由此可见，尽管第一个问题所给定的初始数值实际上与第二个问题的相关性并不是非常大，可还是对被试者起到了明显的锚定效应影响。所以，在投资决策中，锚定的定位和调整是一个不可忽略的重要影响因素。

　　锚定效应现象与我们的投资息息相关，影响力极其深远。它随时可能会导致人们在投资决策中产生判断偏差。如何建立相应的应对策略，以便人们最大限度地避免受到各种锚定信息的影响减少锚定偏差呢？

目前减少锚定偏差的策略主要从两方面入手：测试锚的可靠性和提高个体的动机。测试锚的可靠性意味着当人们进行投资决策时，如果头脑保持更多的警惕性与怀疑思辨精神，多去思考外界提供的锚定信息的客观性与准确性，对锚定信息进行分析比较，即"反思锚"、"类比锚"就能更大程度地减少锚定偏差的强度。提高个体的动机也应从两方面入手：一方面提高个体追求答案正确率的动机强度，另一方面提高个体自身经济金融专业知识的积累。经济专业的投资者和非经济专业的投资者在投资行为上存在明显差异，经济专业投资者受自身知识经验的干预，启动了受控的、有意识的、努力思考的信息加工过程。进行投资时较为谨慎和专业，产生的锚定偏差会较小。

三、心理测验题

Q1. 若你购买的一只股票半年内不断下跌，在未来期间，你是否打算坚守这只股票？

A. 是　　　　　　　　　　B. 否

Q2. 保利地产（600048）股价从 98.58 元下跌到现在的 11.32 元，若你打算购买，愿意以什么价格买入？

Q3. 你收藏的一枚古钱币，2011 年价值为 4500 元，现在价值多少？若 2011 年价值为 7500 元，现在价值又是多少？

Q4. 假设你昨晚在梦中，总是出现一段数字。这段数字在你脑海中印象非常深刻，在你要买彩票时是否觉得是上帝在暗示你，而在买彩票时写下这段数字？

A. 是　　　　　　　　　　B. 否

Q5. 请你回答两个问题：第一，你的学号是多少？第二，现在让你买只股票，你最先想到哪只股票？

答案释义：

Q1. 选 A 表示投资者由于受"锚定"心理的影响，认定了这些股票的购买价就是其真正的价值，因而不断坚守下跌的股票。

Q2. 若回答的价格在 11 元左右，表明因为股价难以判断，股票的现行价格对投资者产生的锚定效应明显。

Q3. 若第一次回答结果在 4500 元左右，第二次回答结果在 7500 元左右，说明收藏品的历史价格对收藏者产生的锚定效应明显。

Q4. 选 A 表示人们在做决定时，倾向于把相关或不相关的事实作为参考点，题目中把梦中的数字作为锚定值。

Q5. 若回答买的股票代码接近学号数值，说明第一个问题的答案在投资者心中产生了锚值，对其投资决策有一定影响。

第五节　代表性偏差

一、概念界定

王春青（2010）指出：代表性偏差是指人们在判断不确定事件时，往往会根据该事物与一个典型事物的相似程度而将它归类，越有代表性，则被判断为出现的概率就越高。黄中南（2011）指出：代表性偏差是指当人们在对某件事情进行判断时，会根据过去传统的典型情况，对该事件进行分类，然后在对另一事件发生的概率进行判断时，会过度相信历史将会重演。也就是指人们会通过典型的例子来判断某件事，从而简单地对该事件下结论的现象。

二、案例分析

根据代表性偏差的定义，当人们在判断不确定事件时，往往会根据该事物与一个典型事物的相似程度而将它归类，越有代表性，则该事件被判断为出现的概率就越高。当投资者看到股票世荣兆业在2011年12月27日至2012年3月15日经过了三次高峰三次低谷，且每次的峰状都是阶梯式的向上增长，如图3-6所示，于是，在第三个谷底时，一些投资者认为历史会重演，谷底之后股价就又会向上涨，当经过第三个谷底又开始上涨时，就会购买该股票。带有代表性偏差的投资者，他们只看到了少数例子，然后根据这少数的情况，来判断全局，而不会考虑到该股票上涨及出现这种波状的原因。

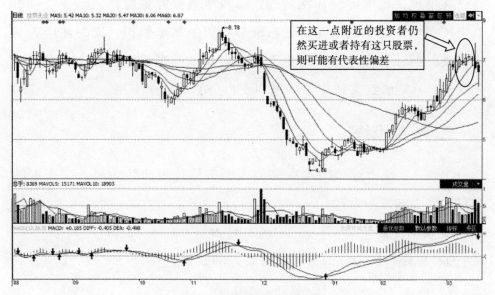

图3-6　代表性偏差股票走势

由于老容（化名）见巴菲特总是在股市不好时，购买大量的低价股获得了成功，于是以偏概全，认为股票下跌时买进股票，等着股票涨了就会赚很多钱，于是老容便喜欢买进不断下跌的股票。在2004年

4月初见黑牡丹基本面不错，于是在13元左右以1/3资金买进，买进后小有赚头却未走，不想随后黑牡丹股价一路下跌。到2004年末股价已在9元一带盘整，于是老容继续用另外1/3资金再次补仓黑牡丹。然而股价随后下了台阶到7元附近，老容又在7元左右将剩余的所有资金全线满仓黑牡丹，但是黑牡丹仍然下跌，到2005年5月份，跌到了3.5元一股，于是，老容在极度恐惧中于3.39元将黑牡丹全部抛出，造成资金大缩水。由于老容见巴菲特总是在股市不好时，购买大量的低价股获得了成功，便减少对大样本估计有效性的信赖而更多地重视到小样本的估计有效性，认为自己也会这样获得成功，最终亏损很多。

投资者要正确利用代表性启发，要做到时刻关注基准概率，牢记概率不存在自我矫正的行为，不要被详细的细节所迷惑，要时刻注意自己在推理过程中可能存在的谬误。投资者要时刻保持风险投资和价值投资意识，要不断地深入学习证券投资的基本知识，同时还应该学习相关的财务、法律知识，更要了解自身的心理弱点，提高自身的综合素质，并能够在实践中不断地纠正自身的缺点和不足。

三、心理测验题

Q1. 一个硬币连续抛4次都为正面，你是否会认为第5次正面的概率比反面的概率大？

A. 是 　　　　　　　　　　B. 否

Q2. 你是否认为好的公司就会有好的股票？

A. 是 　　　　　　　　　　B. 否

Q3. 你是否认为好的股票所在的公司是一个好的公司？

A. 是 　　　　　　　　　　B. 否

Q4. 你是否会因为自己曾经选对了几只股票，在之后的股票选择时，会不受其他任何信息的影响而改变自己的选择，只相信自己的判断？

A. 是　　　　　　　　　　B. 否

Q5. 当行情看涨时，你是否因为股票行业或板块的相似性来选择购买股票，如你手中持有的宝钢股份大涨时，你是否会因为包钢股份还处于低价位，从而去购买包钢股份？

A. 是　　　　　　　　　　B. 否

答案释义：

如你上述 5 个问题有 3 个以上均选 A，说明你有严重的代表性偏差，需要重视并纠正！

Q1. 选 A，表示在判断一事件发生概率高低时，会过分相信历史重演的可能。抛硬币正反面的概率都是一样的，为 50%。但是有代表性偏差的人看到前四次都正面朝上，就会认为第五次仍然正面向上。具有这样的代表性偏差，易引起赌博行为。

Q2、Q3. 测的是代表性思维，具有代表性思维的人，就会认为好公司就有好股票，好股票就是过去业绩一直高速增长的公司，这种代表性思维会引起代表性偏差，会引起股票市场的过度反应。

Q4. 选 A 表示人们会通过推断第一个事物与第二个事物类似，将过去相似的、熟悉的模式用来推断未来的模式，并不考虑这种模式重复的概率，这种代表式启发的思维，会引起代表性偏差。

Q5. 选 A 指人们对不确定事件进行判断时，往往根据该事物与一个典型事物的相似程度而对它归类，进行选择，是具有代表性偏差投资者常犯的错误。

第四章　牛市中投资者最易犯的心理偏差

第一节　过度自信

一、概念界定

1. 过度自信

"理性人"假设作为传统经济学最基本的假设，认为每个人的行为都是极度理性的，人的情绪和感情因素对市场的影响是有限的。但是，随后的研究却发现：以"理性人"假设为前提的数学模型，并不能很好地解释现实生活中的经济活动。当人面对不确定性时，无法做出适当的权衡，行为认知出现偏差在所难免。人类所注意、记忆和处理信息的能力有限，不可能对呈现在眼前的所有信息进行加工。在认知过程中通常关注与熟悉事物具有相似特征或关联的信息。容易犯下基础比率谬误，即过分关注近期的新闻，而轻视长期趋势等不突出的资料。心理学家通过实证观察发现，人们经常对自己的判断过于自信，高估自己成功的机会，这种心理现象称为过度自信。

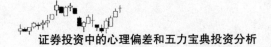

认知偏差的一种主要类型是过度自信，Lichtenstein（1977）作为一名著名心理学家，通过实验最终得到这样的结论：对于自己认准的事情，人们总是过于自信，觉得自己不会出错。同样，在证券市场中，投资者高估自己的知识以及自身的预测判断能力就是一种过度自信的表现，并且在形势已明显变化的情况下，仍会坚持己见。心理学研究表明，过度自信这一心理特征在人们的思想中已经根深蒂固，人们总是过度地相信自己的知识以及判断和应对处理事物的能力。投资者往往过于相信自己的判断能力，认为并且坚信自己成功的概率会比较高，认为自己能够把握市场，一味地认为只要有能力就可以成功，将机会和运气的作用最小化。尤其是各个领域内的专家往往比普通人更趋向于过度自信，金融专业人士（证券分析师、机构投资者）更是如此。过度自信的产生有其深刻的心理学基础，证券市场的巨大不确定性使投资者无法做出适当的权衡，非常容易出现行为认知偏差。当市场不完善的时候，市场中存在很多的不理性的投资者，甚至 De Long、Shefrin（1990）验证了非理性投资者有获得超额收益的可能性，从而促使他们长期生存于市场中。他们过度自信的心理特征特别明显，他们存在于各个群体中，不管是普通的散户还是机构投资者。

2. 过度自信投资者

行为金融学给出了过度自信投资者的定义，首先，过度自信投资者认为公共信号没有从私人那里得到的信号可靠，过分地相信从私人那里得到的信息。其次，这种投资者不相信在估价时使用的预测误差的方差，仅凭自己的估价能力，过分地相信自己的能力。王宁（2011）认为产生过度自信的原因是多样的，其中主要有以下几点：①知识幻觉；②控制幻觉；③认知实证偏差；④自我归因偏差；⑤性别因素；⑥生理因素。过度自信对投资者正确处理信息有直接和间接两方面的影响。直接的影响是，如果投资者过度自信，那么他们就会过分依赖

自己收集到的信息而忽视公司基本的状况或者其他投资者的信息；间接的影响是过度自信会使投资者在审视各种信息时，故意注重那些能够增强他们自信心的信息，而忽视那些伤害他们自信心的信息。

3. 过度自信投资者的行为

从国内外的研究可以看出，过度自信的投资者体现在以下几个方面：①过度自信的心理特征会让投资者对风险的提防程度降低，以至于他们会选择风险较高的组合来投资。②过度自信的心理特征不利于投资者正确地看待基础信息，诱使他们判断错误。③过度自信的心理特征会让投资者过度相信自己的判断分析能力，确信自己的投资选择，从而使得他们频繁地交易。④过度自信的心理特征会使投资者过分相信自己对信息的选择判断，有时候反而忽略了更加重要的信息，以至于卖出（买入）过去的输者组合（赢者组合）。反应不足和反应过度是过度自信心理产生的两种典型的结果。对于过度自信的投资者而言，他们已经形成了自己的一种惯性思维方式，或者可以说是他们觉得自己掌握的信息已经足够给他们带来正确的判断，如果此时有另外的信息或者与他们不一致的判断出现，他们会依然坚持自己当初的判断和选择，这时候市场就处于一种反应不足的状态。反应不足是指市场对信息反应不准确的另一种表现形式。证券价格对信息反应迟钝，甚至在此期间表现出短期的负相关。由于市场价格存在中短期趋势被人为操纵的可能，反应不足是投资者对与中短期趋势指向相反的信息所做出的表现，即便是重大的、公开的、长期的信息，大熊市的底部和大牛市的顶部通常会出现这种情形。Bernard、Thomas（1992）发现股价并不能对公司上一年利润变化做出及时的反应，当公司发布有利于股价提升的消息时，公众并不能对自己的决策做出及时的调整，反而放任一旁。股价和公众的反应不足最终导致股价不能真实地反映公司价值，使其发生偏离。随着时间延续，相同的错误不断地发生时，非理

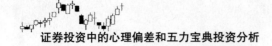

性的投资者开始怀疑自己当初的判断，即使是在判断正确的情况下，市场也表现出一种过度反应的状态。过度反应是指投资者过分相信秘密信息的准确性，过于重视新信息而忽略更具广泛性的旧信息，过于相信所谓"专业人士"的预测，并且对最近价格变化赋予了过多的权重。因此，在市场上升时变得过于乐观，在市场下降时变得过于悲观。投资者往往对"秘密"的信息、信号过度反应。

此外，也有研究者指出，过度自信还会导致以下行为偏差：

对于过度自信的投资者而言，假设他们的知识水平并不高，但是他们的潜意识里却觉得自己有较高的知识，尤其是对于自己非专业的知识，总觉得自己掌握得比别人多，用仅有的一点知识对复杂的问题做出轻易的判断，这种判断结果显然有失准确性。而且对于多数投资者来说，他们清楚地知道在这个存在巨大不确定性的市场中，只有少数一部分人能盈利，可是过度自信的心理让他们觉得自己就是那少部分人之一。2001年初做财务软件的公司天大天财公告要投资15亿元生产光纤，不了解光纤的技术背景、竞争态势和行业前景，就判断该公司未来会有很大的利润增长率。仅凭这条消息进行投资，失败是无疑的。投资者一定要弄清楚自己真正知道的东西，只在自己的专业知识范围内进行判断。20世纪末网络股票持续上涨时，巴菲特由于不清楚网络股的盈利模式而坚持不买网络股，虽失去一些获利机会，但避免了一场灾难。

过度自信会导致投资者处理信息失措。他们往往会过分依赖自己收集到的信息而忽略一些重要信息；还会在过滤各种信息时，注重那些能够增强他们自信心的信息，而忽略那些伤害他们自信心的信息。如很多投资者不愿卖出已发生亏损的股票，因为卖出的话等于承认自己决策失误，并伤害自信心。

4. 过度自信投资者的行为对市场的影响

王宁（2011）认为过度自信对金融市场的影响主要有：①导致股市中大量麻木交易的产生，使股票市场产生巨大的成交量和换手率；②导致股票价格的扭曲，增加股票市场的波动性；③在一定条件下，会提高股票市场的流动性，增强市场效率。无独有偶，陈其安、高国婷、陈慧（2011）则具体指出，股票市场价格波动性随着个人投资者过度自信的提高而加大，股票市场预期价格与个人投资者过度自信程度呈正相关。陈日清（2007）认为，超过一半的股票，其个股收益波动可以由过度自信效应来解释。此外，谭智（2010）在研究中也得出结论：对于整个证券交易市场来说，市场波动性增加的原因之一正是过度自信心理的存在，因为过度自信心理的存在会使得市场当期交易量明显大幅上升，以我国证券市场（A 股市场）为研究对象，在由交易量引起波动性中，公众过度自信心理所导致的超额交易量对股价的波动影响最大。施丹、黄国良（2007）则认为，过度自信对股票市场的影响依过度交易者的类型而异，不同类型的过度交易者对市场的影响如表 4-1 所示：

表 4-1　不同类型的过度投资者对市场的影响

	价格接受者	内幕人	做市商
交易量	增加	增加	增加
价格波动	增加	增加	下降
价格质量	下降	增加	—
期望效用	下降	下降	下降
市场深度	增加	增加	增加

根据 Terrance Odean（1999）的研究表明，过度自信在证券投资中的影响表现为投资者趋向过度频繁交易，而过度交易会降低投资者的回报。投资者由于过度自信，坚信他们掌握了有必要进行投机性交易的信息，并过分相信自己能获得高于平均水平的投资回报率，试图通

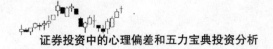
过每次少量获利和多次交易的方法达到增加收益的目的，从而导致过多的短线交易。由于过度交易通常是在没有仔细进行评估的情况下发生的，总体上讲输多赢少。

二、案例分析

图4-1是大众交通（600611）2011年10月至2012年2月的股价走势，在2011年11月2日股价达到这段时间的最高点，为7.03元，此后经过一个震荡以后股价开始下跌，在2012年1月9日达到这段时间的最低点，为4.69元。大众交通公司2011年11月股价飙升的第一个可能原因是：2011年10月26日国务院总理温家宝主持召开国务院常务会议，会议决定，从2012年1月1日起，先以上海市交通运输业和部分现代服务业为试点，逐步用征收增值税来取代当前征收营业税的行业。这一改革将为企业减轻税负，作为试点的上海交通运输业和部分现代服务业将直接受益，有中长期的利好。第二个可能的原因是：有消息称国泰君安借壳IPO，而大众交通是国泰君安唯一的大股东，这一利好消息对其影响比较大，导致其市值急升。后来这一消息被国泰君安方面否认，这是导致大众交通公司股票在不到一个月的时间内又暴跌的一个主要原因。也许这又是被别有用心的人利用的结果，而投资者却对这一内幕信息深信不疑，在2011年10月下旬至11月中下旬大量买进这只股票，以为这只股票的价格会继续攀升，他们对这只股票及对自己了解的内幕都充满了信心，不想股市的运转终究不如他们所想，迅速开始走下坡路，刚刚买进的股票很快被套牢。其实这就是典型的过度自信和从众心理的表现。

我们生活中也不缺少这样的例子。南京财经大学的一位老师以大约100万元的资金入市炒股，在2006~2008年的大牛市时，其在股市上的资金已经达到了1000多万元。然而，在2008年股市骤降之前，

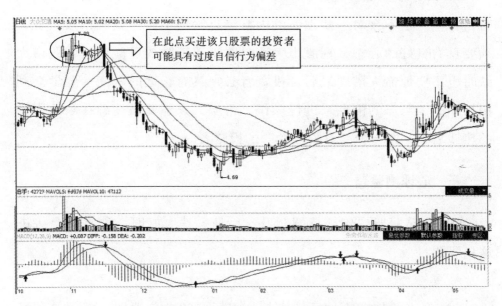

在此点买进该只股票的投资者可能具有过度自信行为偏差

图 4-1 2011 年 10 月至 2012 年 2 月大众交通股价走势

这位老师没有及时全身而退，而是认为自己买的股票还有一定的上涨空间，不想放弃这个增值的好机会。可是股价却一路走低，这位老师最后只剩下 100 多万元退出了股市。

作为一名高级知识分子，这位南京财经大学的老师对股市以及国家的宏观经济环境和政府宏观政策的了解应该多于普通股民。但这样的失败还是发生了，可以想见，这位老师对自己的知识和能力比较有信心，认为自己能够成为在股市中赚钱的一员。但是，他过度地关注了以前所获得的经验和信息而忽视了近期获得的信息，或者是没有意识到近期获得的信息能够对股市产生如此大的影响，而是乐观自信，终究被套牢。

作为一名投资者，首先，必须具备必要的专业知识，这样才有可能对宏观经济环境以及股票市场的变化做出一定的判断；否则，进入股市只能是一种投机行为或者赌博行为。人们常说无知者无畏，我想，只有在对股市有了一定的了解之后才会具有较强的风险意识，而不是

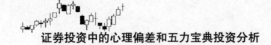

盲目自信，也不会对一些虚假的内幕消息深信不疑。其次，投资者必须要具有良好的心态，在股市大涨时要警惕下跌的可能性，在股市大跌时也不要惊慌失措。最后，投资者必须具有长远的眼光，要学会利用长期的、可靠的信息来进行操作。希望大家不要被迷惑在眼前飞舞的热钱之中，做一个"有限理性"的投资者。

三、心理测验题

Q1. 当某只股票价格持续飙升，行情一片大好时，你是否会买进这只股票？

A. 是　　　　　　　　B. 否

Q2. 有人给你透露你所持有的一只股票的内幕消息，不管是利好消息还是不好的消息，你会相信并且采取行动吗？

A. 是　　　　　　　　B. 否

Q3. 你倾向于频繁交易，不断买进卖出自己的股票吗？

A. 是　　　　　　　　B. 否

Q4. 相对于所持股票的公司公布的长期信息，你更关心短期内该公司或者其他渠道爆料出的短期的即时消息吗？

A. 是　　　　　　　　B. 否

Q5. 是否认为自己对股票价值的估计能力高于一般人，并且对自己的判断充满自信？

A. 是　　　　　　　　B. 否

答案释义：

Q1. 若选择 A，表示当股票行情一片大好，而投资者倾向于追涨，通常都表明投资者有过度自信的倾向。选择 B 则是比较冷静的做法。

Q2. 若选择 A，对其他人透露给自己的内幕信息深信不疑，认为其具有真实性，并且会依据这一信息做出操作，则投资者具有过度自信的心理偏差。

Q3. 若选择 A，表明投资者选择倾向于进行频繁的短线操作，不断买进卖出股票，而不是耐心地研究和分析，这样的投资者通常具有比较严重的过度自信心理偏差。选择 B 则不然。

Q4. 若选择 A，表明投资者过度关注公司短期、近期内的消息，而不是关注那些长期的具有趋势性的信息，则表明投资者具有过度自信的心理偏差，需要调整。

Q5. 若选择 A，对自己的信心十分饱满，认为自己对股票的估值和对股市走势的判断能力比较强，这一类的投资者具有典型的过度自信心理偏差。

测试者可以根据自己真正的状态，来测试一下自己过度自信的程度，并且能够及时进行调整。

第二节 追涨式"羊群行为"

一、概念界定

"羊群行为"（Herd Behavior）一词最早源于生物学对动物聚群特征的研究，指动物（牛、羊等）成群移动、觅食。在生物学领域，可以通过"聚集强度指数"来定量描述动物的聚群行为。

在人类社会也有类似现象，比如说，单个行为人在心理上会依附于大多数人的行为，以降低自行采取行动的成本来获得尽可能大的收益。早在 1852 年，社会学家查尔斯·麦金凯（Charles Mackay）就通过大量事实发现人群具有容易被误导、个体在群体中表现出极端的模仿

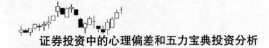

和合群现象。20 世纪 30 年代，心理学家谢里夫（M. Sherif）在"游动错觉"实验中发现，实验对象在判断亮点移动距离时会受群体的影响；1952 年，心理学家所罗门·阿什（S. Asch）、斯坦利（M. Stanley）等做了多次知觉实验，明确证实"从众"现象是客观存在的。这些实验从不同的侧面证实了"羊群行为"的存在及其特征。延伸到金融市场，羊群行为（Herd Behavior）是指一种正反馈形式（Positive Feedback Pattern）的投资策略，也叫做惯性投资（Momentum）策略，即 T_0 时期股票的高（低）收益率会导致 T_1 时期投资者的买入（卖出），也就是业内人士的"追涨杀跌"策略。更通俗来说，"羊群行为"是指当投资者做出一个不可逆转的决策时，往往会受到其他投资者的影响，从而忽视自己的信息去模仿其他投资者的行为。"羊群行为"经常被认为是产生资产价格无效率、价格泡沫及其破灭的主要原因之一，对于市场运行的效率和稳定性有很大的影响。凯恩斯（Keynes，1934）是经济学界最先提出"羊群行为"的人，他提出投资收益每天都在发生变化，在这波动中，市场上的投资者并不都是受理性驱使，而是有着某种情绪在影响着整个市场的行为。之后，Festinger（1957）也指出，在进行投资组合时，人们一旦遇到某种冲突，会自然地遵循那些与整体关联性最强的意见和看法，不自觉地寻求平衡。Lakonishok、Shleifer 和 Vishny（1992）认为"羊群行为"是指在同一时间段，与其他投资者一样购买或出售相同的股票，这是一种比较狭义的"羊群行为"的概念。Chang 等（2000）应用 LSV、PCM、CH 以及 CSAD 等方法对"羊群效应"进行了实证检验；梅国平、聂高辉（2009）用实证分析的方法得出了我国股市的波动情况：市场大幅上扬时，投资者跟风、跟庄盛行，致使股票价格持续上扬；这就是追涨式"羊群行为"，即 T_0 时期股票的高收益率会导致 T_1 时期投资者的买入。

二、案例分析

中体产业集团股份有限公司是国家体育总局控股的唯一一家上市公司，主营业务包括房地产和体育产业，并涉足传媒和机票代理等业务。在房地产业务方面，公司选定上海、广州、天津、北京等十几个大中城市作为奥林匹克花园项目的开发地，并且成为了公司的主要收益来源。在体育产业方面，公司承担举办各类体育比赛，开发、经营各类体育健身项目，并参与体育主题社区的建设，而且公司是北京申奥的策划主题之一。图 4-2 是中体产业（600158）从 2011 年 10 月至 2012 年 3 月的走势，从图中可以看出从 2011 年 10 月中旬到 2012 年 1 月初出现了一个较大的变动。2011 年 10 月 15 日，中共第十七届中央委员会第六次会议通过了文化体制改革推动社会主义文化大发展大繁荣若干问题的决定，这被市场解读为对文化传媒将是重大利好，当期大盘较稳，再加上此次游资的疯狂接力，成就了一个接一个的涨停。4 个交易日涨幅 37%，中体产业成为了当期数一数二的"明星"品种。但是根据当时的情况判断，该股"妖气"十足，因为其中报业绩下滑 55%，而中体产业房地产销售收入占主营业务收入的 82.76%，近期公司也未发布利好消息，所以当时的上涨并无清晰的逻辑为市场所了解。所以这是上升市中最容易出现"羊群行为"的时期。从图 4-2 中可以直观地看出上升市中的追涨式"羊群行为"。

三、心理测验题

Q1. 当股市涨幅很大，周围股民都在买进，但是你对上涨的具体原因不是非常明确时，你是否追涨？

A. 是　　　　　　　　　　B. 否

Q2. 当股市跌幅很大，大家都在卖出手中持股，但是你对下跌具

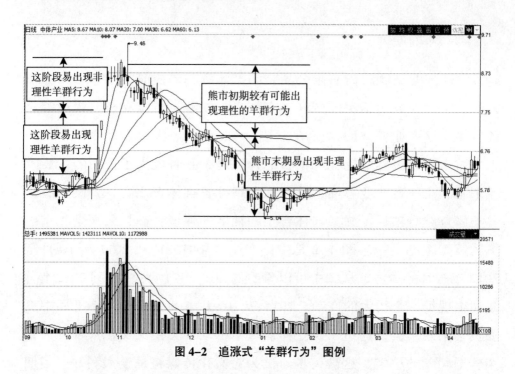

图 4-2　追涨式"羊群行为"图例

体原因不是非常明确时，你是否杀跌？

　　A. 是　　　　　　　　　B. 否

　　Q3. 当股市大幅上涨，媒体也在大肆鼓动，但是明显超过了实际价值时，你是否会动摇自己的立场，选择追涨？

　　A. 是　　　　　　　　　B. 否

　　Q4. 当股市由于某个不利因素而出现大幅下降，但是通过分析明显低于实际价值时，你是否会动摇自己的立场，选择杀跌？

　　A. 是　　　　　　　　　B. 否

　　Q5. 当股市出现大幅上涨或者大幅下降时，你第一反应是跟随大众脚步而不是相信自己的判断吗？

　　A. 是　　　　　　　　　B. 否

答案释义：

　　Q1. 若选择 A，表示在上升市中没有自己的判断，只是随大溜，投

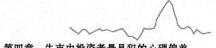

机心理作祟，这样容易遭遇泡沫破碎后的亏损。

Q2. 若选择 A，表示在下降市中没有自己的判断，随大溜儿，盲目恐慌，这样往往难以在股市中有所收获。

Q3. 若选择 A，表示在上升市中，虽然明知道这种上涨有可能只是泡沫，但是由于想从中获利，会选择追涨。

Q4. 若选择 A，表示在下降市中，由于外部形势的变化而不敢坚持自己的立场，宁愿相信市场上大多数人的选择而杀跌，容易错失良机。

Q5. 若选择 A，表示在股市的大幅波动中，更多的是关注外界的反应，容易忽视自己的判断。

如果以上问题你有 4 个以上选择了 A，那么表示你有严重的"羊群行为"；如果只有 2 个以下选择了 A 则表示在股市中你有自己的立场，不会盲目从众。

第三节　处置效应

一、概念界定

首先来看一个事例：如果每次抽奖每天你都选择同一盒子，此时有一个朋友建议你从另一个盒子中抽奖，他的意见你会考虑并且采纳吗？如果你不采纳，而奖品是在另外一个盒子里，你就会因为没有采纳朋友的意见而错过了中奖机会而后悔；反之，如果你采纳了朋友的意见，可是奖品却在原来自己所选择的盒子里，这时你会因为改变了自己原本的决定而更加后悔。或者，如果你采用新的选择或旧的选择中了奖，这时你就会感到情感的快乐，产生骄傲的心理。

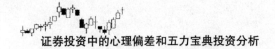

　　人们总是避免产生后悔的行为，也总是寻求引起骄傲和自豪的行为。所谓后悔，就是指人们认识到过去的抉择错误而产生的情感痛苦，而所谓骄傲则是因为过去的抉择产生了好的结果所带来的情感愉悦。

　　通过上面的例子可以看出，投资者对亏损的"损失厌恶心理"和对投资盈利的"确定性心理"是处置效应的两种表现形式，即在实际行动中表现为在盈利面前趋向规避风险，如果股票一旦盈利，投资者就急于卖出，不愿等待以防止股价下跌，利润减少，可是，当股票已经损失，投资者又不愿意卖出，希望股价回升实现盈利。它是一种较为典型的投资者认知偏差。

　　"后悔心理"表现在投资者行为上即是"处置效应"，后悔厌恶。Daniel Kahneman（1982）将避免遗憾定义为：人们发现不同的选择本能得到更好的结果而未选择所带来的痛苦感觉。后悔是没有做出正确决策时的情绪体验，是认识到一个人本该做得更好却没做好而感到痛苦。Shefrin 和 Hersh（1985）认为，后悔比受到损失时更加痛苦，因为这种痛苦让人觉得要为损失承担责任。为了避免后悔，投资者常常做出一些非理性行为。如在他们的内心，其实会存在后悔和自大两种心理，他们担心前者重于后者，于是，他们常常不采取任何措施，因为他们不愿意锁定利润，担心股价还会继续上涨，同时更加不愿意实现亏损。因此，投资者趋向获得一定信息后才做出决策，即使这些信息对决策并不重要，从而错过了投资的最好时机。

　　依据预期效用理论，"S"形是投资者的风险态度形态，因此投资者可能过早地卖出盈利股而将亏损股长期持有手中。我国股市主要有长线投资者和短线投资者，前者只占一小部分，后者占了大多数，而且全部撤出投资是他们的投资趋势。这便说明了实际上这些短期投资者仍然将那些亏损股持于手中，投资者一般都会有"后悔心理"和

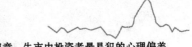

"损失厌恶心理"，因此，他们并不想在短期损失后就离去，总觉得股价会回升，于是选择长期持有。根据深交所的相关研究，"长期持有，直到解套"是大多数投资者选择的处理深度套牢股票的方式；而根据对中国股市投资者"处置效应"的实证分析，中国股市同样存在"处置效应"状态，无论是从持股时间还是从卖盈比例/卖亏比例上来检验。

如图 4-3 所示，假设现在有投资者 A 以 5.90 元/股的价格拥有10000 股，我们看到，当股票涨至 6.15 元/股时，他已经获得了一笔可观的收入。但此时，A 存在后悔心理，认为股票可能继续上升，如果此时卖出股票取得的收益还不够，认为还会出现更高的价格。因此 A 没有抓紧时机进行操作，然而当日股票在 6.15 元/股的价格已经达到了顶峰，之后再没有上升，因此，投资者 A 就由于后悔心理而错过了最佳的赚钱时机。

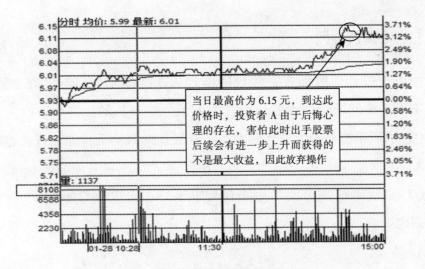

图 4-3　股票走势图分析

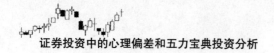

二、案例分析

投资者小王手头持有两只股票，其中，股票 A 有 20% 的收益，股票 B 有 20% 的亏损。现在他想卖掉其中的一种，他会选择继续持有哪种股票呢？实践证明，小王最终卖掉了股票 A，这样他可以得到 20% 的收益，这让他感到骄傲，因为这证明了他当初购买 A 股票是正确的选择；如果他卖掉的是 B 股票，他就会亏损，他就会后悔、痛苦，因为这说明他之前的判断是错误的。

在以上案例中，处置效应推出小王会抛出股票 A 以盈利，但是正因为如此，让小王产生了骄傲心理，以骄傲取代后悔的痛苦。金融经济学家 Hersh Shefrin 和 Meir Statman 的调查研究显示：在资本市场上，投资者选择长期持有亏损的股票而过早地卖出盈利的股票正是这种心理所导致的，这种行为就是处置行为，由此处置行为就会产生处置效应。

三、心理测验题

个人投资者一般都有一些投资偏差，这些偏差会降低投资者的收益。下面 5 个问题可以诊断你的投资偏差，提升你的投资水平：

Q1. 当股市涨幅很大，你踏空了，在媒体的鼓动下，你是否会追涨？

A. 是   B. 否

Q2. 当股市跌幅很大，你满仓套牢了，在恐惧气氛影响下，你是否会割肉？

A. 是   B. 否

Q3. 你是否喜欢频繁交易？

A. 是   B. 否

Q4. 当股市从高位转跌，手中的股票微套，你是否舍得割肉离场？

A. 是　　　　　　　　　　　B. 否

Q5. 当股市从低位转好，你是空仓，是否只敢少量买入？

A. 是　　　　　　　　　　　B. 否

答案释义：

Q1. 若选择 B，表明你担心股市突然下跌，造成巨大的损失，这种损失带来的心理痛苦高于股价上涨带来的高兴。

Q2. 若选择 B，说明你还期待股票上涨，因为股价下跌带来的心理痛苦你无法承受。

Q3. 若选择 A，则说明你无法承受股价的一点变动，心理受影响较大，处置效应强烈。

Q4. 若选择 A，则说明损失给你带来了巨大的心理上的痛苦，你希望股价还会回升，处置效应明显。

Q5. 若选择 A，说明你在小心谨慎的同时，具有强烈的处置效应。

第五章　熊市中投资者最易犯的心理偏差

第一节　过度恐惧

一、概念界定

行为金融学指出，由于一些典型的心理和行为障碍普遍存在于金融投资者身上，如导致认知偏差的过度恐惧。过度恐惧是投资者经历了一系列投资失败后所形成的一种心理，会影响到以后的投资决策。这种心理表现为证券价格下降时惜售，最后可能由于证券价格进一步下降，由于恐惧，不得不在极低的价位抛售，后果是小亏变成了大亏；而在证券价格上升时，由于害怕价格发生逆转，获取了小利就急于抛售，后果是大赢变成了小赢。

这种心理会在老股民的身上表现得更为突出，并且影响到进一步的股市投资行为，加剧人们的盲目与冲动，追涨杀跌是过度恐惧形成的典型后果。

过度恐惧在两方面影响投资行为：①导致投资人迟迟不敢冒险投

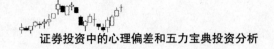

资，因而与投资致富绝缘；②导致投资人投资后时时提高警觉，以致经常在慌乱中卖股票。

即使没买过股票的人，也已耳闻股市的无常，就是因为这种恐惧感，导致许多人还是决定把钱继续存在银行。很少人遇到股价下跌就将股票卖出。大部分人都会继续持有，但如果损失不断扩大，就会越来越害怕，经过长期的下跌后，就会感到恐惧，以致将股票卖出。

过度恐惧会导致投资人产生下列四种错误的投资行为：

（1）过度恐惧使投资人遇到好的投资机会时踌躇不进，继续将钱存在银行。

（2）过度恐惧使投资人在慌乱中，不惜代价地卖出股票。

（3）过度恐惧使投资人在涨幅不大时就获利了结，丧失长期持有赚大钱的机会。

（4）过度恐惧使投资人面对连连上涨的股票时，害怕自己买太少，而在高点加码抢进。

如图 5-1 所示，在股票处于 I 状态时，由于持股人的过度恐惧心理，担心股票会在今后跌至更低的点数，而错误地选择在这个价格把持有的股票卖掉，造成了投资人在接近股票最低值的时候将股票卖出，从而损失了利益。

在股票处于 II 状态时，由于持股人的过度恐惧心理，害怕股票在经历小幅度上升的情况过后立即回落，而选择这个价格卖出股票。这是由于恐惧心理造成对股市的极度不自信，没有意识到股票今后的涨幅将远高于此，而错失了获得高利益的机会。

在股票处于 III 状态时，由于持股人的过度恐惧心理，看到前期股票涨幅如此大，害怕自己利润不够多，而导致在股票价位偏高的形势下，加大对股票的资金投入量，形成高价买入的局面。

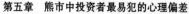

图 5-1 股票走势

二、案例分析

2008 年 3 月沪深两市低开后呈单边下跌的态势,国家统计局局长谢伏瞻称将公布的 2 月份 CPI 数据可能再创新高,市场担心央行将在"两会"后再度不对称加息,加上外围股市均破位杀跌打击市场信心,引发 2008 年 3 月第一周的周一 A 股市场呈现恐慌性跳水。

从盘面上看,两市超过 1200 只个股下跌,跌停个股达 11 家,300 多只个股跌幅超过 5%,早盘一度飘红的造纸印刷板块由于无法有效激活市场人气,收盘跌幅超过 2%。

众所周知,政府在 2008 年 2 月最后一周的周五再次批准了 5 只基金,给市场释放积极信号,可周一大盘的走势却好像丝毫不予理会。出利好而大跌明显不是底部特征。

盘中涌现出了数量较多的恐慌盘,而恐慌盘更多的来自机构而不

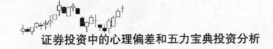

是个人，基金重仓股出奇的一致站在了空方的阵营；而权重的杀跌绝非一日所能完成，市场的筹码一松再松，一轮大牛市所奠定的基础就会被一扫而光；一旦筹码彻底松动，要重新捡起形成拉升合力，难度会增加许多。

从以上的案例中可以知道，由于市场对政府的政策产生了恐慌心理，投资者纷纷选择了恐慌性抛盘的做法，而避免自己的利益受到损失。但是从案例中也可以知道在案例发生的近期内已经会有积极政策的预示，但是股民还是由于过度恐惧的心理纷纷抛售，这就表现出过度恐惧对投资过程的影响。

相反，我们可以借鉴巴菲特在对美国运通的投资中，在市场最为恐慌的时刻以最快的速度大举买入美国运通股票，在不抬高股价的情况下买进所有能买到的股票。到了半年多后的 1964 年 6 月底，他已投入 300 万美元在这只股票上，成为他合伙事业中最大的一笔投资。到了 1966 年，他已在该股持续投入了 1300 万美元，单只股票已经占到他合伙事业 40% 的比重，买下了美国运通公司 5% 的股份。这是在投资案例中最典型的"别人恐惧的时候我贪婪"的案例。

在我国 2008~2010 年的熊市中，投资者的这种恐惧心理导致了普遍的悲观情绪，股民心理脆弱，损失厌恶更加明显，不敢做多，一旦市场有震动就惊慌失措。在这种情况下，有些股票的投资人在听到未经考证和分析的不利消息时，惊慌失措，把手中的股票视为异物抛售，还有的投资人在股票被套期初还能忍受股价的下跌，然而随着局势的恶化，这种忍耐力瓦解，由焦虑到恐惧，最后彻底失去对股票的信心，在大幅下跌之后，抛出所持有的股票。这种情况对我国的股市发展不利。实证研究表明，市场从来不会与预期相吻合，当超过 55% 股票经纪人持看涨观点时，预示着市场将进入熊市；当持看涨观点少于 15% 时，则意味着市场将出现强劲的上升势头，这就是投资者极端情绪状

况与市场未来收益的相关关系。华尔街战略家情绪与标准普尔指数呈显著负相关，其情绪每上升 1%，标普指数收益率则下降 24%，因此华尔街战略家的情绪水平与标普指数收益率之间是显著的负相关。从这些结论可以得到，投资者一定要避免过度恐惧的心理，以免在投资时做出错误的决策。

三、心理测验题

Q1. 在股票市场不景气的大前提下，知道股价的价格已经很低，也不会投入资金？

A. 是　　　　　　　　B. 否

Q2. 是否在股票价位偏高的时候，由于政府出台某政策让你觉得在这个价位还有利可图而投入大量资金？

A. 是　　　　　　　　B. 否

Q3. 在股票已经套牢的情况下，是否会出售自己手中的股票？

A. 是　　　　　　　　B. 否

Q4. 在股市较好的前提下，是否频繁出售股票？

A. 是　　　　　　　　B. 否

Q5. 是否在股票获得微利以后立即出售？

A. 是　　　　　　　　B. 否

答案释义：

Q1. 在于测试投资者是否对不景气的股票市场存在过度恐惧的心理。

Q2. 主要是测试投资者在面临可能的牛市时，是否会对市场存在恐惧心理。

Q3. 与问题一有类似之处，而是换一种方式来验证投资者是否存在恐惧心理。

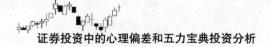
Q4. 前提是股市较好，如果投资者频繁出售，说明对市场存在过度恐惧心理；反之，则比较理性。

Q5. 同样是验证投资者是否存在过度恐惧心理，如果选择 A，则表明投资者担心股价突然下跌，造成损失，对股市过度的恐惧。

第二节　杀跌式"羊群行为"

一、概念界定

通过对牛市中投资者易犯的几种心理偏差的了解，我们对"羊群效应"以及追涨式"羊群效应"已经有了初步了解，对于熊市中的"羊群效应"，主要是杀跌式"羊群效应"。所谓杀跌式"羊群行为"，就是在市场大幅下跌时，投资者缺少有效信息，持股信心不足，纷纷出仓，致使股票价格下跌加剧。即 T_0 时期股票的低收益率会导致 T_1 时期投资者的卖出。

二、案例分析

股市上投资者的非理性"羊群行为"常常会导致股市泡沫的产生，严重时甚至会引发股市崩溃的危机。"南海泡沫事件"就是杀跌式"羊群效应"引致股市危机最著名的案例之一。中国股市虽然起步比较晚，但是我们也能看到散户的"羊群行为"，而个人投资者往往是"羊群效应"中最容易遭受损失的群体。由于"羊群行为"表现出来的都是一个群体的行为现象，所以下面介绍一个众多中国个人投资者参与的"羊群行为"的案例。

2007 年 5 月 30 日凌晨，中国三大门户网站上出了一条重磅新闻：证券交易印花税税率由现行的 0.1%调整为 0.3%。这可是对中国股市极具杀伤力的爆炸性新闻。可是让人匪夷所思的是，在 5 月 29 日中央电视台的《新闻联播》中却没有播这条新闻，而且这条新闻也没有在第一时间被报道在直属证监会的三大证券报以及当天出版的《中国证券报》上。而是在当天午夜零点的中央电视台 2 套的《经济新闻联播》播出，因此被称为"半夜鸡叫"。

于是很多个人投资者以为证监会要重拳出击中国股市了，于是个人投资者的非理性"羊群行为"出现，结果是股指从 5 月 29 日的最高点 4335 点，一路下滑至最低点 3858 点，一日接连击穿五个整数关，跌幅高达 477 点。后由于权重股发动抵抗，到收市时，该日中国股市仍大跌 283 点，900 多只个股跌停，创下了 2007 年中国股市暴跌之最，跌幅甚至超过了震动全球的中国股市的"2·27"事件。

2007 年 5 月 30 日，中国股市的开户数突破了 1 亿户。而这 1 亿户中 99%是散户，是中小投资人，机构总数不到 1%。这一天，股市暴跌，中国股市上的小股民上演生死时速，很多老股民纷纷割肉，大家的恐惧心理造成了下跌市中的"羊群效应"。沪市在 5 月 29 日大跌 281 点后，5 月 31 日早间再度大跌 195 点后回升，盘中曾冲高 182 点，尾市以上涨 56 点高收，这看上去股市好像在止跌回稳，似乎出现了 v 形反转。那天，下跌和上涨的股票分别为 612 只和 237 只，而且近 170 家个股依然封于跌停板上。这天的大盘看似在反弹，实则是一种很凶险的"二八"现象重演，即 20%的个股在涨，80%的个股在跌。事实上，这是权重股和银行股在被市场拉高，导致大盘出现虚假的翻红现象，从而来掩护主力出逃，而个人投资者却没有看透这一点，又是一阵"羊群行为"，结果是刚刚入市的个人投资者几乎是集体上当，纷纷拣拾股价大跌的股票。

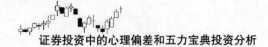

所以，个人投资者必须加强自身的投资者教育，学会独立思考，树立正确的投资理念；勇于创新，建立自己的交易系统；谨慎自信，磨炼专注过程的心态。绝对不要盲目跟风；否则非理性"羊群行为"过后受害的总是股市中的盲目追随者。

三、心理测验题

Q1. 当股市涨幅很大，周围股民都在买进，但是你对上涨的具体原因不是非常明确时，是否会追涨？

A. 是 　　　　　　　　　B. 否

Q2. 当股市跌幅很大，大家都在卖出手中的股票时，但是你对下跌的具体原因不明确，是否会杀跌？

A. 是 　　　　　　　　　B. 否

Q3. 当股市大幅上涨，媒体也在大肆鼓动，但是明显超过了实际价值时，你是否会动摇自己的立场，选择追涨？

A. 是 　　　　　　　　　B. 否

Q4. 当股市由于某个不利因素而出现大幅下降时，但是通过分析明显低于实际价值，你是否会动摇自己的立场，选择杀跌？

A. 是 　　　　　　　　　B. 否

Q5. 当股市出现大幅上涨或者大幅下降时，你的第一反应是跟随大众脚步而不是相信自己的判断吗？

A. 是 　　　　　　　　　B. 否

答案释义：

Q1. 若选择 A，表示在上升市中没有自己的判断，只是随大溜儿，投机心理作祟，这样容易遭遇泡沫破碎后的亏损。

Q2. 若选择 A，表示在下降市中没有自己的判断，随大溜儿，盲目恐慌，这样往往难以在股市中有所收获。

Q3. 若选择 A，表示在上升市中，虽然知道这种上涨有可能只是泡沫，但是由于想从中获利，会选择追涨。

Q4. 若选择 A，表示在下降市中，由于外部形势的变化而不敢坚持自己的立场，宁愿相信市场上大多数人的选择而杀跌，容易错失良机。

Q5. 若选择 A，表示在股市的大幅波动中，更多的是关注外界的反应，容易忽视自己的判断。

如果以上问题有 4 个以上选择了 A，那么表示你有严重的"羊群行为"；如果只有 2 个以下选择了 A 则表示在股市中你有自己的立场，不会盲目从众。

第三节　损失厌恶

一、概念界定

损失厌恶是指人们面对收益时，表现为风险寻求；而面对损失时，则表现为风险厌恶。面对同样数量的收益和损失，他们会感到损失的数量更令他们难以忍受，损失带来的效用减少远大于收益带来的效用增加。另外，如果其他方案与投资者选择的方案相比，能得到更好的结果的话，投资者会有一种痛苦感觉。

损失厌恶的心理表现之一为禀赋效应。投资者的投资决策只是一种状态的变化，现实的状态也只是一种参考的标准，损失厌恶心理的存在使得投资者不愿意去改变现在的状态。因为改变了现在的状态就有可能承受一定的损失，这就是为什么很多投资者即使买了不盈利的股票也不愿意去换股、股票被套牢了也不卖股、宁可踏空也不去买股

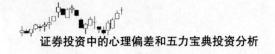
的原因。

其二是短视的损失厌恶。很多投资者都知道，长期持股能使他们得到理想的收益，但是，在这长期持股的过程中，大部分人是无法忍受自己财富的巨大波动的，实际财富的变化要比最后的结果对投资者带来更大的直观的影响。这就是短期损失厌恶。怕涨和怕跌便成为这种厌恶所表现出来的两种极端的心理：怕涨，涨一点就坚决不买；怕跌，跌一点就卖。

如图 5-2 所示，投资者在箭头所指的点不抛出持有的股票表示该投资者具有损失厌恶倾向，若投资者在该点抛出本可以减少损失，但是由于投资者不愿意接受损失，由于某种原因该股票的价格持续下跌，从而导致损失更大。

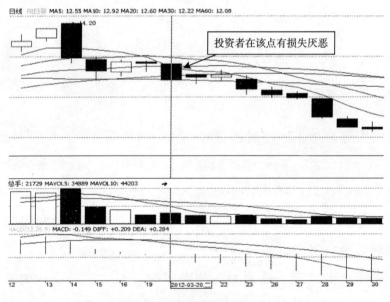

图 5-2　投资厌恶倾向分析

但是，损失厌恶投资者的存在却能够提高市场收益，减弱市场波动，还能有效降低价格与基础价值的偏离程度，从而提高市场质量。

这将为监管部门进行有效市场监管、维护市场稳定、制定相应的政策措施具有重要的借鉴和启示意义。可见，损失厌恶投资者的存在并非不好，反而有助于提升市场整体的质量，但是对于投资者个体而言，损失厌恶秉性是否有益，则需要做进一步的研究。

二、案例分析

刚参加工作的研究生小陶准备在沪买房置业，远在哈尔滨的父母拿出几十年存下的 20 万元，希望能帮他付首付款。2 月，小陶听同事们大谈股票如何赚钱，尤其是一位买银行股的同事，竟然一天赚进几万元，这让小陶感到刺激。他开户后，用父母的钱以 5.8 元每股的价格买进 3 万多股某银行股，希望大赚一笔后再脱身去买房。

谁知接下来的日子里，他所持有的股票价格开始下跌，每天盯着收盘价，小陶就在心里算着亏了多少；晚上躺在床上也在想着股票，深夜也难以入睡。当该股下跌到 4.6 元/股时，小陶的心理防线要崩溃了，三四万元的亏损足够他挣上大半年了。最终，夜不能寐的小陶求助于心理医生。

在面对同事们口中的收益时，小陶立刻拿出父母几十年的存款，希望大赚一笔。将全部存款购买一只股，风险极大。在价格下跌时，每天都在盯着损失多少。小陶厌恶的并不是风险，而是损失。他对于损失的感觉比起盈利更为敏感，为了避免损失付出了比常人更大的代价。小陶的表现是损失厌恶的写照。

三、心理测验题

Q1. 如果手中某只股票下跌，有消息说价格有可能还要降低，过了几天确实降低，是否愿意立刻抛出？

A. 是　　　　　　　　　B. 否

Q2. 对于下面的情况请选择：

A. 50%概率获得 2500 元，50%概率损失 1000 元

B. 50%概率获得 800 元，50%概率损失 300 元

C. 不会参与

Q3. 对于下面的情况请选择：

A. 有 80%的概率失去 4000 元

B. 有 100%的概率失去 3000 元

Q4.（Ⅰ）某赌博，50%的概率获利 200 元，50%的概率损失 100 元，你是否愿意参与？

A. 是   B. 否

（Ⅱ）如果这个赌博要连续 3 次，你是否愿意参与？

A. 是   B. 否

Q5.（Ⅰ）某赌博，90%的概率获得 15%收益率，10%概率损失全部投资，你是否愿意参与？

A. 是   B. 否

（Ⅱ）如果这个赌博重复 3 次，你是否愿意参与？

A. 是   B. 否

答案释义：

Q1. 主要说明投资者面临可能的损失时会做出什么样的反应。

Q2. 验证参与人在面临损失时，是选择概率较小、损失较大的方案还是选择具有确定性损失的方案。即验证在损失区间上，参与人是否具有风险偏好心理。

Q3. 验证参与人是否选择概率较小但是数额较大的方案，和上面两个问题结合来验证被试者是否存在厌恶心理，并可以看出他对确定性损失的厌恶感，是否表现出风险寻求。

Q4. 可验证参与人是否存在损失厌恶倾向。

Q5. 验证投资者在面临较大可能的收益和较小可能但损失巨大的情况下会做出怎样的选择，如果多次面临这样的情况，消费者又会怎样选择。

第六章 平衡市中投资者最易犯的心理偏差

第一节 后见之明

一、概念界定

1. 后见之明的概念

"后见之明偏差"（The Hindsight Bias），又称"事后诸葛亮"效应，即投资者通过构建一个合理的事后理由来增加对自己决策能力的满意度和自我尊严。后见之明偏差把已经发生的事情视为相对必然和明显的，一旦决策者知道了某一事件的结果，就具有认为自己早已预见到此事的强烈倾向。历史上最早对后见之明偏差做出实验研究的是Fischhoff。实验期间，他向被试者呈现一些历史图片，比如，一些描绘19世纪英国人与尼泊尔哥尔喀人（Gurkhas）战争画面的图片。战争的实际结果被试者事先不知道，然后被试者必须对四种可能产生的结果成为最终事实的可能性进行评估。

后见之明偏差可能是由于决策者的自我中心思想。常常见到的情

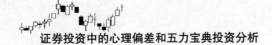

况是，人们容易认为自己更接近于事件的中心，而实际上并非如此。大多数人在回忆往事时，仿佛他们是当时的主角，处于控制和影响事物进程和他人行为的位置。在金融市场上，投资者常将股市的下跌归结于政府的政策，而没有归结于自己的投资技术和方法，过于相信自己的能力。

2. 后见之明的理论解释

Hawkins 和 Hastie 研究并归纳出了人们进行后见判断时通常会采用的四种策略：①对最初的观点进行直接回忆；②基于当前观点而调整推断最初观点；③重构认知（Cognitive Reconstruction）；④表现自我（Motivated Self-presentation）。

3. 后见之明的研究范式及主要结果

后见之明的研究范式一般可以分为以下两类：一是假定型范式（Hypothetical Design），如上文介绍的 Fischhoff 的研究，他的方法为比较两组被试者对事件发生结果可能性的评定，一组被试者事先不知道事件结果，另一组被试者事先被告知了事件结果，但要求他假定自己不知道。二是记忆型范式（Memory Design），方法是比较一组被试者的初始反应以及回忆反应，首先要求被试者对事件可能的结果做出一系列评定，然后让被试者知道事件的真实结果，再要求他们回忆最初的评定。

二、案例分析

图 6-1 是广发证券（000776）2010 年 10 月 8 日至 2012 年 3 月 27的股票走势图。在 2010 年 11 月 11 日广发证券的股价达到最高点63.15 元，而此后开始持续下跌，在 2012 年 1 月 17 日跌至最低点19.62 元。在这段持续下跌的过程中，虽然出现了几个波峰和波谷，但这几次涨幅并不大，持续时间也不长，其总体趋势是下跌。在如图 6-1

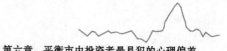

所示的几个波峰附近，投资者预见到该股票的价格会下跌，但他们对该股票充满了信心，依然在此点附近买进，而后发现股票价格下跌。而在几个波谷处，投资者预见到该股票价格会上涨，但他们并没有对该股票和自己的判断充满信心，从而抛掉股票，随后发现股票价格上涨。由此分析可知，这些投资者都犯了后见之明的行为偏差。

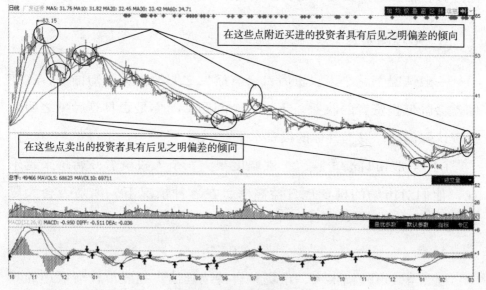

图6-1 广发证券股票走势

后见之明偏差使投资者不能认识到对事件结果的回顾会影响人们的判断，它使人们认为金融市场实际上很容易预测。这种典型的后见之明会使投资者不重视对自己行为的反省，忽视对市场趋势的预测，增加了投资行为的不确定。

股市既是一个车水马龙、纸醉金迷的地方，即便是很多在生活中很精明的人一进入股市也会耳目失聪；股市又是一个充满魅力和诱惑的地方，很多在工作中井井有条的人一进入股市就乱了阵脚；股市更是一个不确定性也就是所谓的风险很大的地方，充满了无数的变数和困难的博弈。因此，在作投资决策时，投资者应注意自己"事后诸葛

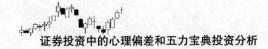

亮"的倾向，并有意识地记录自己后见之明的事件，分析其原因是否有依据。在分析历史数据时，要避免只注重正面成绩的诱惑，由于投资者更倾向于记住自己的成功事件，故更应该保存一份过去的不成功投资的清单。投资者要明确：大胆的决策行为可能会带来丰厚的利润，但若无法达成则会带来不利。此外，不要让别人特别是一些投资专家的过分自信影响到投资者自身的投资决策。

三、心理测验题

一般情况下，个人投资者都会有后见之明的投资认知偏差，这种偏差会降低投资者的收益。下面5个问题诊断你是否具有后见之明的投资认知偏差，以提升你的投资水平：

Q1. 当股市日渐走强，上涨幅度很大，个人投资者开始越来越乐观，他们对市场的预期也日益高涨，在这种情况下，你是否会大量买进？

A. 是　　　　　　　　B. 否

Q2. 当股市跌幅很大，市场抛售持续延续，在股市日渐低迷的气氛影响下，你是否会大量抛售？

A. 是　　　　　　　　B. 否

Q3. 你是否能够"未卜先知"，但依然会"从众"而行？

A. 是　　　　　　　　B. 否

Q4. 当在创造了新的单月最高交易量纪录之后，股市迎来了连续几年的大跌，市场承受着空前的卖压，你是否会大量抛售？

A. 是　　　　　　　　B. 否

Q5. 当股市一直在低位很小幅度上涨时，你预测股市将会转好开始上涨，但媒体对此时的股市并不看好，你是否会大量抛售？

A. 是　　　　　　　　B. 否

答案释义：

Q1. 若选择 A，表示投资者存在"后见之明"偏差，这种偏差会让投资者倾向于受近期事件的影响，而忽视当前正在发生的现实，影响投资收益。

Q2. 若选择 A，表示投资者存在"后见之明"偏差，这种偏差会让投资者在股价极低时，忽视对市场趋势的预测，增加了投资行为的不确定，容易在底板价割肉，造成巨大的损失。

Q3. 若选择 A，表示投资者存在"后见之明"偏差，这种偏差会让投资者忽视对市场趋势的预测，增加了投资行为的不确定，而盲目从众。

Q4. 若选择 A，表示投资者存在"后见之明"偏差，这种偏差会让投资者忽视对市场趋势的预测，增加了投资行为的不确定，造成巨大的损失。

Q5. 若选择 A，表示投资者存在"后见之明"偏差，这种偏差会让投资者在外界的影响下，忽视对市场趋势的正确预测，而影响投资收益。

如你上述 5 个问题有 4 个以上均选 B，恭喜你是投资高手！

如你上述 5 个问题有 3 个以上均选 A，说明你有严重的后见之明投资偏差，需要引起重视并纠正！

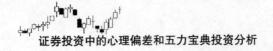

第二节　保守性偏差

一、概念界定

具有保守性偏差的投资者对基率先验信念或旧数据赋予过高权重而新信息权重被低估。相对于代表性偏差会导致低估基率，保守性偏差是指过多重视基率的情形，因此在某种程度上保守性偏差正好与代表性偏差相反，具有保守性偏差的投资者在新的事实面前修正原有观点的速度比较慢对新生事物或新的信息反应不足。保守性偏差可以看作行为人难以接受新信息而固守旧信息来对事物进行判断，尤其是过去的一些悲观的信息会形成难以消除的影响，从而出现对新信息反应不足的现象。固执是保守的一个极端情形。人们一旦形成某种看法，往往就死死坚持它。心理学家实验证明，一旦人们做出了自己的判断，要改变其原先的判断是较为困难的。从这一心理因素出发，如果公众所获知的公共信息与其原来的判断相悖，则在以后类似公共信息出现时，人们往往会对其采取不重视或不相信的态度，从而对自己的判断保持不变或只是略微地调整。

二、案例分析

图6-2是上海斯米克建筑陶瓷股份有限公司2011年6月至今的股票走势。从图6-2中可以明显看出2011年6月至2012年初斯米克的股票价格基于处于跌幅状态，中间有些小波动，8月中旬跌至一个峰谷然后涨了一段时间，在9月中旬到达一个顶峰后一路狂跌直到2012

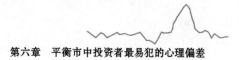

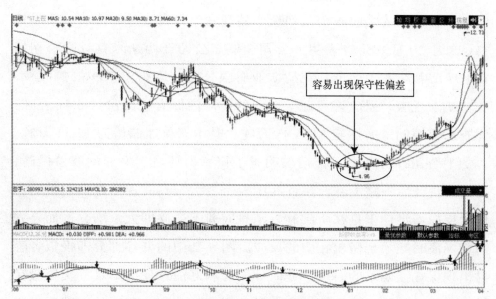

图6-2　股票走势图描述保守性偏差

年初，到达 4.96 元/股的最低谷，之后股价一路直升。

　　斯米克公司虽然在陶瓷制品行业中排名第一，但却几乎一直处于亏损状态。2011 年公司营业收入较 2010 年减少 9%，亏损达 1.8 亿元。出现巨额亏损的主要原因是：①由于各项生产成本因素价格大幅度上涨，加上公司因为销售未能突破，造成产能利用率不足，使得平均单位成本较 2010 年上涨达 10%；②由于近几年公司新产品推出不足造成产品老化，加上房产限购令力度的加强并扩及二、三线城市，使得公司产品的竞争力快速衰退，不仅销售价格维持困难，销售数量也突破困难；③由于市场景气不振，竞争加剧，使得销售费用居高不下；④由于销售价格的下跌和销售费用的上涨，使得公司依照《企业会计准则》需计提的存货跌价准备大幅增加。此外，由于公司对位于上海的部分土地使用权开发建设不够及时，造成资产使用效益未能及时实现，也影响减少了公司利润。经营状况不佳使得投资者对斯米克股票信心不足，因而基本处于下跌的不利形势。不过在 2012 年 2 月出现了利好

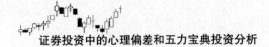

消息，公司陆续完成 6 个系列新产品开发，并自 3 月起逐步向市场销售。3 月 20 日的公告表明，公司全资子公司江西斯米克有限公司以 150 万元增资入股宜丰县花桥矿业有限公司，取得了 75% 的控股权。花桥矿业现有"采矿许可证"载明的矿区内保有资源量为 6.41 万吨，详查后资源储量增加至 3164.88 万吨，其中氧化锂储量为 12.34 万吨。再加上公司针对严重亏损情况明确了扭亏、转机、发展的改善措施，公司股价此后一路上涨。然而我国投资者大都具有保守性偏差，对新信息反应不足，于是在听到利好消息时并不会立即大量增仓，而是先观望一段时间才会做出相应的反应。图 6-2 中的峰谷部分即投资者容易出现保守性偏差的时机，此时他们对利好消息反应不足，交易量在峰谷右边一段距离才大量增加也反映了这一事实。我国的大部分投资者均具有保守性偏差，虽然这样的谨慎态度不至于冲昏头脑，但也会因此损失大好时机。

三、心理测验题

个人投资者一般都有一些投资偏差，这些偏差会降低投资者的收益。下面 5 个问题诊断你是否具有保守性偏差：

Q1. 股市长期处于较平衡的波动状态，此时你听到利好消息，你是否会先四处证实消息再考虑大量买进？

A. 是　　　　　　　　　　B. 否

Q2. 对于手中长期持有的业绩平平的股票，突然出现超过预期的收益时，你是否会择机追加买入？

A. 是　　　　　　　　　　B. 否

Q3. 当股市长期跌幅很大突然出现小幅度涨幅，你是否会大量买进？

A. 是　　　　　　　　　　B. 否

Q4. 当股市从高位转跌，你手中的股票微套，你是否会马上大量

抛出？

　　A. 是　　　　　　　　　　　B. 否

Q5. 当股市长期涨幅，听到利空消息，你是否会立即大量抛出？

　　A. 是　　　　　　　　　　　B. 否

答案释义：

Q1. 若选择 A，对利好消息反应不足，即有保守性偏差。

Q2. 若选择 B，对市场反应不足，即有保守性偏差。

Q3. 若选择 B，态度谨慎，即有保守性偏差。

Q4. 若选择 B，态度谨慎，即有保守性偏差。

Q5. 若选择 B，对消息反应不足，即有保守性偏差。

第七章 五力宝典投资模型的应用

第一节 五力宝典投资模型介绍

股市作为一个国家和地区国民经济的"晴雨表",必然会受到该国宏观经济形势、微观经济形势、证券市场的行政管理政策、上市公司的未来发展前景、股票市场的整体估值水平以及参与其中的机构投资者和个人投资者的投资偏好、心理偏差和行为模式等诸多因素的影响,因此,股市是一个复杂的系统工程体。投资股市不仅需要具备证券投资分析的理论和方法,更需要掌握宏观经济形势分析、产业的微观经济形势分析、具体上市公司的发展状况和投资价值分析、股票市场的总体估值水平分析和行为金融分析等诸多理论,本书研究了一个模型,定名为五力宝典投资模型,如图 7-1 所示,涵盖了五大维度:宏观经济、微观经济、股票估值、技术分析和投资心理,通过 80 个左右的指标分析,了解股市运行的宏微观环境,精选出低估值的股票,中长期持有并波段式滚动操作,取得了较好的投资业绩。

五力宝典投资模型中的宏观经济指标反映了股市的总体环境,微观经济指标反映了上市公司经营小环境,股票估值指标反映了投资基

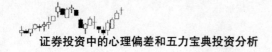
础，投资心理指标反映了投资人定力，投资技术则是工具手段，让投资人进行买卖决策。

通过五力宝典投资模型，本书得出投资股市的三大基本原则：

（1）国家宏微观经济形势决定了公司前景。

（2）公司未来发展前景决定了其股票的估值。

（3）股票的估值决定了股票未来的价格走势。

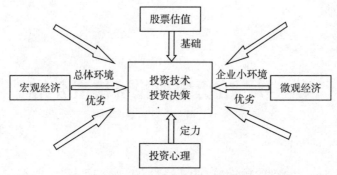

图7-1　五力宝典投资分析模型

第二节　五力宝典投资模型选取的宏观经济指标

1. **失业率**（Unemployment）

失业率预示着该国经济当前与前景的好坏，一般情况下，失业率下降，代表整体经济健康发展，利于货币升值；失业率上升，代表经济发展放缓衰退，不利于货币升值。若将失业率配以同期的通胀指标来分析，则可知当时经济发展是否过热，会否构成加息的压力，或是否需要通过减息以刺激经济的发展。

2. 国内生产总值（GDP）

国内生产总值显示了该国一定时期在境内的全部经济活动，包括外国公司在其境内投资建立子公司所产生的生产总值。它不但可以反映一个国家的经济表现，还可以反映一国的国力与财富。该指标还可以细分为人均国内生产总值（Real GDP Per capita），也称"人均GDP"，即将一个国家核算期内（通常是一年）实现的国内生产总值与这个国家的常住人口（或户籍人口）相比进行计算，得到人均国内生产总值，是衡量各国人民生活水平的一个标准。

根据国际货币基金组织（IMF）2013年4月发布的各国生产总值预测数据显示：2013年世界各国人均GDP最高的国家为卢森堡，高达11.2135万美元；排名第2的挪威人均国民生产总值为10.5478万美元；卡塔尔紧随其后，为98737美元。排名第4~第10的国家为：瑞士、澳大利亚、阿联酋、瑞典、丹麦、加拿大和新加坡。中国香港以38797美元排名第24位，中国台湾排名第38位，中国大陆排名第86位，为6629美元。

3. 生产价格指数（PPI）

生产价格指数显示了商品生产的成本（生产原材料价格的变化）对未来商品价格的变化，从而影响了今后消费价格、消费心理的改变。PPI是衡量企业购买的物品和劳务的总费用，生产过程中所面临的物价波动将反映至最终产品的价格上，因此，观察PPI的变动将有助于预测未来物价的变化状况。

4. 消费物价指数（CPI）

消费物价指数反映了消费者目前花费在商品、劳务等的价格变化，显示了通货膨胀的变化状况，是人们观察该国通货膨胀的一项重要指标。居民消费价格统计调查的是社会产品和服务项目的最终价格，同人民群众的生活密切相关，在整个国民经济价格体系中也具有重要的地位。它是进行经济分析和决策、价格总水平监测和调控及国民经济核算的重要指标。其变动率在一定程度上反映了通货膨胀或紧缩的程度。一般来讲，物价全面、持续地上涨就被认为发生了通货膨胀。

5. 个人收入（Personal Income）

个人收入包括一切从工资及社会福利所取得的收入，反映了该国个人的实际购买力水平，预示了未来消费者对商品、服务等需求的变化。个人收入指标是预测个人的消费能力，未来消费者的购买动向及评估经济情况好坏的一个有效指标。个人收入提升代表经济情况好转或经济景气，相应的个人消费支出就有可能增加，下降是经济放缓衰退的征兆。

6. 狭义货币供应量（M_1）

狭义货币供应量是指 M_0（M_0 = 流通中现金，指银行体系以外各个单位的库存现金与居民的手持现金之和）加上企业、机关、团体、部队、学校等单位在银行的活期存款。

7. 广义货币供应量（M_2）

广义货币供应量是指 M_1 加上企业、机关、团体、部队、学校等单位在银行的定期存款和城乡居民个人在银行的各项储蓄存款以及证券客户保证金。M_2 与 M_1 的差额，通常称作准货币。

M_1 反映着经济中的现实购买力，M_2 同时反映现实和潜在购买力。若 M_1 增速较快，则消费和终端市场活跃；若 M_2 增速较快，则投资和中间市场活跃。中央银行和各商业银行可以据此判定货币政策。M_2 过高而 M_1 过低，表明投资过热、需求不旺；M_1 过高而 M_2 过低，表明需求强劲、投资不足。

8. 克强指数

克强指数是指耗电量、铁路货运量和银行贷款发放量的结合。

（1）耗电量：可以准确反映我国工业生产的活跃度以及工厂的开工率。

（2）铁路货运量：既可反映经济运行现状又可反映经济运行效率。

（3）银行贷款发放量：我国间接融资占社会融资总量大头，银行贷款又占间接融资大头，贷款发放情况既反映出市场对当前的经济信心，又显示未来经济运行风险度。

与 GDP 相比，耗电量、铁路货运量和银行贷款发放量三个指标几乎没有作假的空间和动机，此外，通过耗电量权重占比高达 40% 的"克强指数"，还可以减少对宏观经济的误判。我国经济的"数字增长"，很大程度上由行政主导式的投资刺激所导致，但是，行政主导投资影响"铁路货运量"和"银行贷款发放量"两个指标较大，对"耗电量"指标影响不大，因此，"克强指数"对经济状况的反映更为客观。

9. 消费信心指数

消费信心指数是反映消费者信心强弱的指标，是综合反映并量化消费者对当前经济形势评价和对经济前景、收入水平、收入预期以及消费心理状态的主观感受，预测经济走势和消费趋向的一个先行指标。

10. 采购经理人指数（PMI）

采购经理人指数反映制造业在生产、订单、价格、雇员、交货等各方面综合发展状况的"晴雨表"，通常以 50% 为分界线，高于 50% 被认为是制造业的扩张，低于 50% 则意味着经济的萎缩。

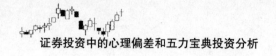

第三节　五力宝典投资模型选取的微观经济指标

1. 行业景气指数

景气指数又称景气度，它是对企业景气调查中的定性指标通过定量方法加工汇总，综合反映某一特定调查群体或某一社会经济现象所处的状态或发展趋势的一种指标。景气指数以 100 为临界值，范围在 0~200 点，即景气指数高于 100，表明经济状态趋于上升或改善，处于景气状态；景气指数低于 100，表明经济状况下降或恶化，处于不景气状态。为了更好地反映不同行业、不同规模企业（尤其是大型企业）在一定范围内经济份额中的代表性差异，在编制景气指数时以反映行业、企业综合生产经营状况的总量指标（如产品销售收入）为权数。如钢铁行业自 2010 年以来行业景气指数一直处于下降趋势，对钢铁股票的投资以适当规避就能避免投资损失。

2. 国家的产业发展战略

国家的产业发展战略反映了当前国家对不同产业的发展思路和总体规划，如投资思路和选择股票符合国家的产业政策和发展规划，往往投资能取得良好的收益，如中共十八大提出了我国经济转型升级的总体思路，并规划了七大战略性新兴产业的发展战略。七大战略性新兴产业是指：节能环保、新兴信息产业、生物产业、新能源、新能源汽车、高端装备制造业和新材料，如紧随国家产业发展规划，提前购买了其中"领头羊"企业的股票如比亚迪、东方财富、华谊兄弟、碧水源等，这两年的投资收益非常可观。

3. 证券监管部门的政策导向

证券监管部门的政策导向反映了证券监管部门对于股票市场的政策导向，如股票市场处于低迷期，而证券监管部门想提振市场指数，势必会减少新股的发行，提出各种鼓励投资股票的优惠举措如减税降低佣金等，甚至会在主流媒体上刊文提倡投资股市。在 2008 年 10 月、2014 年 6 月股市非常低迷时，证券监管部门的举措都体现了对股市的呵护；反之，如果股市涨幅太大、市场太热，股市泡沫严重时，证券监管部门也会出台一些打压措施，如 2007 年 5 月 30 日提高股票印花税以及 2007 年 10 月的一系列举措等。这个指标是由一系列措施组成的，要求投资者观察证券监管部门的动向，投资取向因和证券监管部门的行动一致，方能取得比较好的收益，规避投资风险。

4. 净利润（每股净利润）

净利润是指在利润总额中按规定缴纳了所得税以后公司的利润留存，一般也称税后利润或净收入。净利润是一个企业经营的最终成果，净利润多，企业的经营效益就好；净利润少，企业的经营效益就差，它是衡量一个企业经营效益的主要指标。净利润=利润总额-所得税费用。每股净利润就是利润总额除以总股本，它反映了单股的盈利水平。

5. 资产收益率

资产收益率又称资本利润率，是指企业净利润（即税后利润）与平均资本（即资本性投入及其资本溢价）的比率。用以反映企业运用资本获得收益的能力。也是财政部对企业经济效益的一项评价指标。资产收益率越高，说明企业自有投资的经济效益越好，投资者的风险越少，值得继续投资，对股份有限公司来说，就意味着股票升值。因此，它是投资者和潜在投资者进行投资决策的重要依据。对企业经营者来说，如果资产收益率高于债务资金成本率，则适度负债经营对投

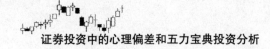

资者来说是有利的；反之，如果资产收益率低于债务资金成本率，则过高的负债经营就将损害投资者的利益。

6. 主营业务收入增长率

$$主营业务收入增长率=（本期主营业务收入 - 上期主营业务收入）÷上期主营业务收入 \times 100\%$$

主营业务收入增长率可以用来衡量公司的产品生命周期，判断公司发展所处的阶段。一般来说，如果主营业务收入增长率超过 10%，说明公司产品处于成长期，将继续保持较好的增长势头，尚未面临产品更新的风险，属于成长型公司。如果主营业务收入增长率在 5%~10%，说明公司产品已进入稳定期，不久将进入衰退期，需要着手开发新产品。如果该比率低于 5%，说明公司产品已进入衰退期，保持市场份额已经很困难，主营业务利润开始滑坡，如果没有已开发好的新产品，将步入衰落。

7. 毛利率

毛利率是毛利与销售收入（或营业收入）的百分比，其中毛利是收入和与收入相对应的营业成本之间的差额，用公式表示：

$$毛利率=毛利÷营业收入 \times 100\%$$
$$=（主营业务收入 - 主营业务成本）÷主营业务收入 \times 100\%$$

从构成上看毛利率是收入与营业成本的差，但实际上这种理解将毛利率的概念本末倒置了，其实，毛利率反映的是一个商品经过生产转换内部系统以后增值的那一部分。也就是说，增值的越多毛利自然就越多。如产品通过研发的差异性设计，对比竞争对手增加了一些功能，而边际价格的增加又为正值，这时毛利也就增加了。

8. 净利率

$$净利率=净利润÷主营业务收入 \times 100\%$$
$$=（利润总额 - 所得税费用）÷主营业务收入 \times 100\%$$

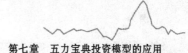

销售净利率是指企业实现净利润与销售收入的对比关系，用以衡量企业在一定时期的销售收入获取的能力。

销售净利率的计算公式为：

销售净利率 = 净利润 ÷ 销售收入 × 100%

资产净利润率又称资产报酬率、投资报酬率或资产收益率，是企业在一定时期内的净利润和资产平均总额的比率，计算公式为：

资产报酬率 = 净利润 ÷ 资产平均总额 × 100%

资产平均总额 = （期初资产总额 + 期末资产总额）÷ 2

资产净利润率主要用来衡量企业利用资产获取利润的能力，反映了企业总资产的利用效率，表示企业每单位资产能获得净利润的数量，这一比率越高，说明企业全部资产的盈利能力越强。该指标与净利润率成正比，与资产平均总额成反比。

9. 上市公司的经营战略和产品业务

通过对上市公司的经营战略的分析，可以发现该公司是否具有积极进取的意愿，通过对具体业务和产品的分析，可以判断该公司是否具有科技创新的实力。如果该企业能够积极地调整产业结构，不断进行转型升级，企业的重组活力旺盛，产品和业务附加值高，符合世界产品发展的趋势，产品和业务在市场上深受消费者欢迎，则可以研究选择该公司股票；反之，在投资时需谨慎。

10. 上市公司管理团队的水平和能力

通过考察上市公司管理团队的学历、年龄、经验、水平、过往业绩和公司的实际管理绩效等，可以考察该公司是否具有执行力和战斗力，这是投资股票的重要指标，我们可以通过公司的网站、媒体的新闻报道、公司产品在市场上的销售形象、销售管理、投资者管理、分红、高管持股等方面进行考察。一般而言，优秀的管理团队是很注重细节的，该公司展现在投资者面前的形象几乎是完美的，负面

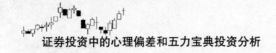

新闻和消息很少、产品质量高、顾客忠诚度高等，这样的公司往往值得投资。

第四节　五力宝典投资模型选取的估值指标

1. 市盈率

市盈率指在一个考察期（通常为 12 个月的时间）内，股票的价格和每股收益的比率。投资者通常利用该比例值估量某股票的投资价值，或者用该指标在不同公司的股票之间进行比较。"P/E"表示市盈率，P（Price per Share）表示每股的股价，E（Earnings per Share）表示每股收益。即股票的价格与该股上一年度每股税后利润之比（P/E），该指标为衡量股票投资价值的一种动态指标。

2. 市净率

市净率指的是每股股价与每股净资产的比率。市净率可用于投资分析，一般来说市净率较低的股票，投资价值较高；相反，则投资价值较低。但在判断投资价值时还要考虑当时的市场环境以及公司经营情况、盈利能力等因素。

3. 资产负债率

资产负债率是负债总额除以资产总额的百分比，也就是负债总额与资产总额的比例关系。资产负债率反映在总资产中有多大比例是通过借债来筹资的，也可以衡量企业在清算时保护债权人利益的程度。资产负债率这个指标反映债权人所提供的资本占全部资本的比例，也被称为举债经营比率。

4. 应收账款

应收账款是指企业在正常的经营过程中因销售商品、产品、提供劳务等业务，应向购买单位收取的款项，包括应由购买单位或接受劳务单位负担的税金、代购买方垫付的各种运杂费等。应收账款表示企业在销售过程中被购买单位所占用的资金。企业应及时收回应收账款以弥补企业在生产经营过程中的各种耗费，保证企业持续经营；对于被拖欠的应收账款应采取措施，组织催收；对于确实无法收回的应收账款，凡符合坏账条件的，应在取得有关证明并按规定程序报批后，作坏账损失处理。

5. 长期负债和流动负债

长期负债是指期限超过 1 年的债务，1 年内到期的长期负债在资产负债表中列入短期负债。长期负债与流动负债相比，具有数额较大、偿还期限较长的特点。因此，举借长期负债往往附有一定的条件，如需要企业指定某项资产作为还款的担保品，要求企业指定担保人。设置偿债基金等，以保护债权人经济利益。

短期负债也叫流动负债是指将在 1 年（含 1 年）或者超过 1 年的一个营业周期内偿还的债务，包括短期借款、应付票据、应付账款、预收账款、应付工资、应付福利费、应付股利、应交税金、其他暂收应付款项、预提费用和一年内到期的长期借款等。

6. 每股净资产

每股净资产是指股东权益与总股数的比率。其计算公式为：

每股净资产 = 股东权益 ÷ 总股数

这一指标反映每股股票所拥有的资产现值，每股净资产越高，股东拥有的资产现值越多；每股净资产越少，股东拥有的资产现值越少。通常每股净资产越高越好。

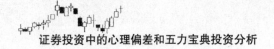

7. 存货

存货是指企业或商家在日常活动中持有以备出售的原料或产品、处在生产过程中的在产品、在生产过程或提供劳务过程中耗用的材料、物料、销售存仓等。存货区别于固定资产等非流动资产的最基本的特征是，企业持有存货的最终目的是为了出售，不论是可供直接销售，如企业的产成品、商品等；还是需经过进一步加工后才能出售，如原材料等。

8. 总股本和流通股本

总股本也称资本总额，包括新股发行前的股份和新发行的股份的数量总和。公司资产的总价值，包括股本金、长期债务及经营盈余所形成的资产。总股本是股份公司发行的全部股票所占的股份总数，流通股本可能只是其中的一部分，对于全流通股份来说总股本等于流通股本。

流通股本是指在以往的指数计算中，只要是在交易所有权利进行场内流通的股票均算作流通股，这样无论是公司发起人、国有股还是战略投资者的股份，一旦获得流通权，就可以算作自由流通股。

9. 每股收益

每股收益又称每股税后利润、每股盈余，指税后利润与股本总数的比率。它是测定股票投资价值的重要指标之一，是分析每股价值的一个基础性指标，是综合反映公司获利能力的重要指标，它是公司某一时期净利润与股份数的比率。该比率反映了每股创造的税后利润，比率越高，表明所创造的利润就越多。若公司只有普通股，每股收益就是税后利润，股份数是指发行在外的普通股股数。如果公司还有优先股，应先从税后利润中扣除分派给优先股股东的利息。

每股收益 = 净利润 ÷ 年末普通股股份总数

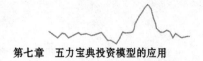

10. 每股资本公积金

资本公积金是指从公司的利润以外的收入中提取的一种公积金。其主要来源有股票溢价收入、财产重估增值以及接受捐赠资产等。

每股资本公积金 = 资本公积金 ÷ 总股本

公积金分资本公积金和盈余公积金。

资本公积金是指溢价发行债券的差额和无偿捐赠资金实物作为资本公积金。

盈余公积金是指从偿还债务后的税后利润中提取 10% 作为盈余公积金。

11. 每股未分配利润

每股未分配利润 = 企业当期未分配利润总额 ÷ 总股本

未分配利润是企业留待以后年度进行分配的结存利润，未分配利润有两个方面的含义：一是留待以后年度分配的利润；二是尚未指定特定用途的利润。资产负债表中的未分配利润项目反映了企业在历年结存的尚未分配的利润数额，若为负数则为尚未弥补的亏损。

12. 净资产收益率

净资产收益率又称股东权益收益率，是净利润与平均股东权益的百分比，是公司税后利润除以净资产得到的百分比率，该指标反映股东权益的收益水平，用以衡量公司运用自有资本的效率。指标值越高，说明投资带来的收益越高。净资产收益率可衡量公司对股东投入资本的利用效率。它弥补了每股税后利润指标的不足。

净资产收益率 = 税后利润 ÷ 所有者权益

第五节　五力宝典投资模型选取的技术指标

1. 移动平均线（MA）

移动平均数是判断股票价格趋势最常用的一个指标，它本质上是以一种算术平均数的概念来表示趋势值的方法。先选定时间数列的平均期数，在该期间内求取移动总值，然后除以期数，就可求得移动平均值的长期趋势值。

移动平均线分为短期移动平均线（3 日、5 日、10 日、15 日等）、中期移动平均线（25 日、30 日、75 日等）和长期移动平均线（150日、275 日等）。

移动平均分析的最大优点在于通过某一期间平均股价（指数）的移动走势，可以大致反映真实的趋势，避免人为的短线作价陷阱。

2. 相对强弱指标（RSI）

相对强弱指标是通过比较一段时期内的平均收盘涨数和平均收盘跌数来分析市场买卖盘的意向和实力，从而做出未来市场的走势。

RSI = [上升平均数 ÷（上升平均数 + 下跌平均数）] × 100

由上式可知 RSI 指标的技术含义，即以向上的力量与向下的力量进行比较，若上的力量较大，则计算出来的指标上升；若下的力量较大，则计算出来的指标下降，由此测算出市场走势的强弱。

3. 随机指标（KDJ）

随机指标一般是用于股票分析的统计体系，根据统计学原理，通过一个特定的周期（常为 9 日、9 周等）内出现过的最高价、最低价及最后一个计算周期的收盘价及这三者之间的比例关系，来计算最后

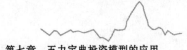

一个计算周期的未成熟随机值 RSV，然后根据平滑移动平均线的方法来计算 K 值、D 值与 J 值，并绘成曲线图来研究和判断股票走势。

4. 能量潮（OBV）

能量潮是将成交量数量化，制成趋势线，配合股价趋势线，从价格的变动及成交量的增减关系，推测市场气氛。其主要理论基础是市场价格的变化必须有成交量的配合，股价的波动与成交量的扩大或萎缩有密切的关系。通常股价上升所需的成交量总是较大；下跌时，则成交量可能放大，也可能缩小。价格升降而成交量不相应升降，则市场价格的变动难以为继。

5. 布林线（BOLL）

布林线指标是通过计算股价的"标准差"，再求股价的"信赖区间"。该指标在图形上画出三条线，其中上下两条线可以分别看作股价的压力线和支撑线，而在两条线之间还有一条股价平均线，布林线指标的参数最好设为 20。一般来说，股价会运行在压力线和支撑线所形成的通道中。

布林线是专业投资者和一些老股民经常使用的技术指标之一，此指标属于路径指标，股价通常在上限和下限的区间之内波动。动态钱龙的布林线由 3 根线组成，即下限为支撑线，上限为阻力线，还有一条中线为中界线。静态钱龙的布林线由 4 根组成，最上面的一条线是趋势阻力线，称为 BOLB1，用白色实线表示；最下面一根线是趋势的支撑线，称为 BOLB4，用紫色实线表示；BOLB1 之下设有 BOLB2，用黄色虚线表示；紧靠 BOLB4 之上的另一条线称为 BOLB3，用浅蓝色实线表示。在 4 根线构成上限、下限、次上限、次下限，股价通常在这个带状区间内上下波动，这条带状区的宽窄随着股价波动幅度的大小而变化，股价涨跌幅度加大时，带状区会变宽，涨跌幅度缩小时，带状区会变窄。布林线的宽度可以随着股价的变化而自动调整位置，由

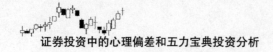

于这种变异使布林线具备灵活和顺应趋势的特征，它既具备了通道的性质，又克服了通道宽度不能变化的弱点。

6. 抛物线指标 （SAR）

抛物线转向也称停损点转向，是利用抛物线方式，随时调整停损点位置以观察买卖点。由于停损点（又称转向点 SAR）以弧形的方式移动，故称为抛物线转向指标。

7. 心理线 （PSY）

心理线是一种建立在研究投资者心理趋向基础上，将某段时间内投资者倾向买方还是卖方的心理与事实转化为数值，形成人气指标，作为买卖股票的参数。

例如，PSY 取值在 25~75，说明多空双方基本处于平衡状态；如果 PSY 取值超出这个平衡状态，则是超卖或超买，PSY<10 或 PSY>90 两种极端情况出现，是强烈的买入和卖出信号。

8. 成交量

成交量是指在某一时段内具体的交易数。它可以在分时图中绘制，包括日线图、周线图、月线图甚至是 5 分钟、30 分钟、60 分钟图中绘制。市场成交量的变化反映了资金进出市场的情况，成交量是判断市场走势的重要指标。一般情况下，成交量大且价格上涨的股票，趋势向好。成交量持续低迷时，一般出现在熊市或股票整理阶段，市场交易不活跃。成交量是判断股票走势的重要依据，对分析主力行为提供了重要的依据。投资者对成交量异常波动的股票应当密切关注。

成交量比率 （Volume Ratio，VR） 是一定时期内股价上升日交易金额与股价下降日交易金额总和的比率，反映了股市买卖的气势并借以预测股市可能的变化趋势。

9. 换手率

换手率也称周转率，指在一定时间内市场中股票转手买卖的频率，

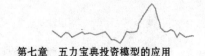

是反映股票流通性强弱的指标之一。股票的换手率越高，意味着该只股票的交易越活跃，人们购买该只股票的意愿越高；换手率高一般意味着股票流通性好，具有较强的变现能力；将换手率与股价走势相结合，可以对未来的股价做出预测和判断。

10. 指数平滑异同平均线（MACD）

MACD 称为指数平滑异同平均线，是从双移动平均线发展而来的，由快的移动平均线减去慢的移动平均线，MACD 的意义和双移动平均线基本相同，但阅读起来更方便。当 MACD 从负数转向正数，是买的信号。当 MACD 从正数转向负数，是卖的信号。当 MACD 以大角度变化，表示快的移动平均线和慢的移动平均线的差距非常迅速地拉开，代表了一个市场大趋势的转变。

具体用法：

（1）MACD 金叉：DIFF 由下向上突破 DEA，为买入信号。

（2）MACD 死叉：DIFF 由上向下突破 DEA，为卖出信号。

（3）MACD 绿转红：MACD 值由负变正，市场由空头转为多头。

（4）MACD 红转绿：MACD 值由正变负，市场由多头转为空头。

（5）DIFF 与 DEA 均为正值，即都在零轴线以上时，大势属多头市场，DIFF 向上突破 DEA，可作买。

（6）DIFF 与 DEA 均为负值，即都在零轴线以下时，大势属空头市场，DIFF 向下跌破 DEA，可作卖。

（7）当 DEA 线与 K 线趋势发生背离时为反转信号。

（8）DEA 在盘整局面时失误率较高，但如果配合 RSI 及 KD 指标可适当弥补缺点。

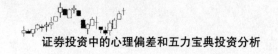

第六节　五力宝典投资模型选取的心理指标

五力宝典投资模型中的心理指标主要是投资者的各种心理偏差，通过对不同市场环境下投资者呈现出的不同心理偏差，来判断此时市场的环境氛围。在本书第二章至第六章中，已经对投资者的各种心理偏差进行了详细的解读，在此节中，仅做一般性总结，不再展开叙述：

（1）投资者对于市场总体价值判断的心理偏差。①政策性依赖；②暴富心理；③情感依托；④赌博心理。

（2）投资者对股票信息分析的心理偏差。①可得性偏差；②框架效应；③分离效应；④锚定心理；⑤代表性偏差。

（3）牛市中投资者最易犯的几种心理偏差。①过度自信；②追涨式"羊群行为"；③处置效应。

（4）熊市中投资者最易犯的几种心理偏差。①过度恐惧；②杀跌式"羊群行为"；③损失厌恶。

（5）平衡市中投资者最易犯的几种心理偏差。①后见之明；②保守性偏差。

第七节　五力宝典投资模型的五星决策标准

通过上述五力宝典投资模型中的宏观、微观、估值、技术、心理标准的综合研判，可以对股市的走势给出综合研判，这就是五星决策

标准，也是我们进行投资的依据。当我们综合研判当前股市为一星和二星时，必须立即离开股市，此时股市没有投资价值；当前股市为三星时，说明股市处于半山腰位置，往往为平衡市，操作上以半仓为宜，且需要十分谨慎；当股市为四星或五星时，说明当前股市极具投资价值，可以大胆操作，持仓可以加大到 6 成以上。五星说明如下：

★（一星）：代表股市无投资价值，需要及时离场，一般在牛市高峰期。

★★（二星）：代表股市估值偏高，无投资价值，一般在牛市冲顶或熊市下跌中途。

★★★（三星）：代表股市的投资价值适中，一般在牛市的半山腰或熊市底部附近。

★★★★（四星）：代表股市投资价值显现，一般在牛市初期或熊市的底部。

★★★★★（五星）：代表股市非常具备投资价值，一般在熊市的绝对低估底部。

第八章 案例分析

笔者采用五力宝典投资模型对股市的走势给出综合研判，自 2011 年 6 月至 2014 年 10 月，历经 3 年半的时间，撰写了一篇篇的博文，内容有：周评、日评、杂评、图解等多种形式，发表于东方财富网博客（http://blog.eastmoney.com/wangjining/bloglist_0_1.html），博客名称为"王博士侃股"，希望大家批评指正！本章将采撷若干篇博文，按照牛市、熊市、平衡市以及个股诊断章节展开，以说明五力宝典投资模型具体投资案例，案例的时间排序为从近期到过去。

第一节 牛市中五力宝典投资模型分析博文

案例 1：小牛市中沪指已上涨了近 20% 后，
进入加速期时的分析博文

五力宝典周评（2014.10.1）：金秋股市收割忙，牛市须把地雷防。

本周回顾：本周只有 2 个交易日，沪指表现异常稳健，收盘稳稳在 2350 点之上，小牛市已露出牛角。个股也比较活跃，尤其是低价国企概念股脱颖而出，如中国电建无量涨停，赣粤高速等低价高速公路

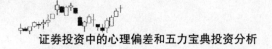

股强势上冲；相反，有些高估的重组股后劲不足，高位滞涨。

眼看金秋十月到来，上市公司的三季报和年报陆续就要公布了。按照往年的惯例，股市的收获季节到来，应该逐步把涨幅大的重组股卖出，见好就收，落袋为安，而转而建仓未涨的低估现金分红丰厚的蓝筹股，实现仓位的转换，总体仓位需要减仓。防止一些绩差股的季报和年报地雷，凡在企业干过的朋友都有体会，年关难过，到年底了往往是企业最缺钱的时候，要债的、回款的、发奖金福利都要大笔资金，因此，家底不厚实、现金不多、资产质量不好的企业，此时纷纷就要露出马脚，近期有上市公司老板非正常死亡，我研究了该公司的负债表和现金流表，大致看出一些端倪：企业资金状况不好，资金紧张，老板压力大啊，做企业真不容易，上市公司也一样。

再看看支撑此次行情的沪港通情况吧：一月前，AH 股中的蓝筹股价差都在 10% 以上，最高价差为 20% 以上，而今天，AH 价差缩小到只有 5%~10%，最大价差只有 18%，原因是最近港股在下跌，而 A 股在上涨，两者的差距逐步缩小，这说不定是一种趋势，即到了沪港通真正开通的那一天，AH 蓝筹股价差拉平了，而垃圾股 A 股价远高于H 股，它们下跌的动能存在，届时如果 A 股中垃圾股的绩差年报再公布，一波垃圾股的下跌恐怕要带动沪指下跌，这种风险是需要我们提前预警的。

无论如何，"国庆"后必须进行一定的减仓操作，尤其是在涨幅过大的低价重组股中，该赚的收进囊中，然后再观望后市的走向。

可能有朋友会问：你不是一直很看好股市吗？怎么突然悲观了？不是，我依然坚定看好中国股市的长期走势，但是目前的股价结构，让我无法对后市非常看好，所以，我坚定牛市第一波在 2500~2600 点戛然而止的观点，后面的牛市可能会在明年甚至后年开始，那时，沪指有可能会有上涨 1000 点以上的可能，为什么？

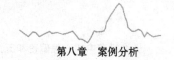

支撑任何一个国家股市的股票重点有两类：①阿里巴巴、特斯拉这样的科技创新火星股，它们支撑了创业板指数的上扬。但是，目前A股中我没有发现这样优异的股票，因此，这波创业板中小板的上涨，总感觉有点虚；②花旗、汇丰这样的蓝筹股，它们的股价稳健昂贵，保证股指稳稳向上。而A股中的蓝筹股虽然估值很低，但是，由于AH股价差的消失，A股中蓝筹股的上涨基础就消失了。正如二八定律一样，上述两类股只占股市的20%，但它们对股市上扬的贡献要占80%，既然它们的价位到位了，股指上涨就基本到位了。

目前A股的估值总体基本到位，创业板中小板股票估值过高了，有风险。而以银行股为代表的蓝筹股还有约10%的上升空间，两者对冲，这就决定了沪指在2500~2600点，宣告牛市开幕式结束。

那么我为什么还看好明年和后年股市有超过1000点的涨幅呢？根源在于西方对中国股市的刻意低估以及它们对中国经济的恶意看衰。它们戴着有色眼镜看中国经济，因此就夸大了对国内银行股及其他优质蓝筹股的风险评估，即便美国花旗银行在2008年面临破产边缘时，其股价也要远高于资产质量及效益都很优异的中国工商银行。

按照世界股市中银行股合理估值看，一般市盈率在15倍左右，制造业蓝筹股市盈率在20倍左右，而中国银行股市盈率仅4倍，制造业蓝筹股市盈率仅有7倍左右，均只有世界平均值的1/3，这是对中国长期股市不公平的看法所致。以至于证监会喊出：中国银行股具有罕见的投资价值，此言的确不虚。随着中国在世界地位的逐步强大，尤其是经济总量超过美国时，中国的国际话语权日益强大，中国在政治军事经济社会各方面都起到举足轻重的作用时，中国股市蓝筹股价值才能真正恢复正常，那么，中国银行股及其他优质蓝筹股完全有翻番的潜力，届时，沪指涨千点甚至更高点位完全有可能。

在蓝筹股不能得到公平对待时，炒作小盘低价重组股就成了当今

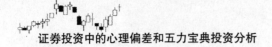

中国股市最合理的选择，当然，傻瓜都怕，这样击鼓传花的游戏最后一棒会落到自己头上，你会接这最后一棒吗?!

下周展望："国庆"后股指依然会保持稳健上升势头，但是，市场暗流涌动，炒高的重组股暗地抛售的力量很大，蓝筹股或有最后的一波行情，因此，切不可盲目追涨 10 元以上无业绩和无发展前景的股票。可以关注以银行股为代表的蓝筹股，关注市盈率 10 倍以下、跌破净资产、分红率在 5% 以上的优质蓝筹股。手上持有涨高的股票低价重组股需要减仓。

关注股票：重点关注：①关注以银行股为代表的蓝筹股，关注市盈率 10 倍以下，跌破净资产，分红率在 5% 以上的优质蓝筹股；②未大涨的、非 ST 类 5~7 元的资产质量优的小盘重组股。仓位控制在 50% 左右，余钱打新股。个股：浦发银行、上汽集团、赣粤高速、金鹰股份、通产丽星、苏宁云商。

五力分析：

宏观经济：维持强改革、新常态下的经济格局　　　　★★★★

微观经济：企业两极分化，转型升级意愿强烈　　　　★★★☆

股票估值：小盘重组股估值过高，绩优蓝筹股依然低估

　　　　　　　　　　　　　　　　　　　　　　　　★★☆

技术分析：技术指标需要调整　　　　　　　　　　★★★

心理分析：股指震荡会加剧，投资者会有"羊群行为"和急躁心态

　　　　　　　　　　　　　　　　　　　　　　　　★★★

五星评级：三星评级，由于小盘股估值过高，降低一级　★★★

详情请查阅：王博士侃股（http://blog.eastmoney.com/wangjining/bloglist_0_1.html）

案例2：小牛市中沪指已上涨了15%，
出现剧烈波动时的分析博文

五力宝典周评（2014.9.26）： 外股暴挫沪指涨，后市还有小涨幅。

本周回顾： 本周沪指虽在周一出现大跌，但在周二、周三、周四就迅速收复失地，并创出反弹以来的新高，这样的走势的确很强，因为本周外围股市暴挫，中国股市和外股真有点逆向行驶。

出现这样稳健的攀升走势不奇怪，存在即合理。沪指从2000点横盘底部一路走到2300点上方，只不过是一种恢复性上涨行情，即便到了今日，估值恢复行情还未结束，理应还有一些上升空间，投资者要慢慢适应这种强改革下的新常态股市走法。

支撑沪指此轮慢牛有几大原因：

（1）估值远低于欧美日港股市，尤其是以银行为代表的蓝筹股，即便算上中国银行股的潜在不良资产和未来盈利下滑预期，中国银行股也不至于沦落到只有4倍市盈率啊。据笔者的调研，中国的银行未必如外界想象得那么差，中国的银行云集了最一流的人才，他们工作异常辛苦，竞争压力巨大，取得好的业绩也有工作勤奋的因素，另外，银行是以钞票为产品的，它们的收益最直接，当然是永远的朝阳行业，只要银行能够规避自身的经营风险，国家层面规避整体的银行业风险，笔者对以银行为代表的低估蓝筹股还是非常看好的，交通银行行长带头大买自家股票就是证明，它们还应有10%左右的恢复性上涨，带动大盘上升至2500~2600点。

（2）在强改革、调结构的新常态下，加上中国人的聪明才智，阿里巴巴、百度这样的企业还会脱颖而出，它们都是世界最优秀的企业，这就保证了股市不仅不会大跌，还有很大的上升空间。

（3）此轮涨幅不大，到今天仅仅涨了15%左右，盘点一下各位投

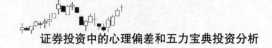

资者的收益，有20%的就算很好了，还有很多人还在苦苦求解套，这样的涨幅算多吗?! 且2014年的高点不过在2360点（本周达到），远不及2013年的2440点、2012年的2430点、2011年的3100点、2010年的3100点，而2014年的改革力度最大、股民的信心最强、前景预期最好、资金增量最大，区区这点涨幅担心什么！就算将资金存银行，每年还有5%的收益，在股市每年没有10%以上的收益就算失败的。

（4）沪港通后，海外那些吃不到利息的大资金虎视眈眈，它们借助股市可以进入中国，借助现金分红好的蓝筹股，可以分享中国的高利息和人民币升值的大利好，它们怎会不来尽享美宴！它们是不会去冒险买不靠谱的重组股的，它们要赚的是稳稳的无风险收益。因此，笔者认为，沪港通后股票会有一定的分化，涨幅过大、玩概念的假重组股会有大跌，绩优高分红低估蓝筹股会有一定涨幅，两相抵消，沪指还会涨一些的。不会出现沪港通一开启，股市就大跌的窘境。

五力模型一直提示本博：炒股要看宏观经济、微观经济、估值、心理和技术。估值是基础，宏观经济是大方向，微观经济定位个股，技术分析是工具，心理是定力。在强改革、调结构的新常态下，稳稳持股、闲庭信步，规避风险股，持有低估股，定会收获高于银行利率的收益！

下周展望： 下周至国庆节前仅有2个交易日，沪指预期平稳，有望在2350点附近收盘。如果还出现40点左右的大跌，可以补仓绩优中盘蓝筹股。

关注股票： 依然重点关注：①低估值中盘蓝筹股；②未大涨的、非ST类5~7元的资产质量优的小盘重组股。仓位在60%左右，余钱打新股。个股：浦发银行、上汽集团、赣粤高速、金鹰股份、通产丽星、苏宁云商。

五力分析：

宏观经济：维持强改革、新常态下的经济格局　★★★★

微观经济：企业两极分化，转型升级意愿强烈　★★★★☆

股票估值：中盘绩优蓝筹股还处于低估区　★★★★☆

技术分析：技术指标非常稳健，慢牛最佳　★★★

心理分析：股指震荡剧烈，投资者心态失衡，往往做反　★★★

五星评级：弱四星评级，维持强势格局　★★★☆

详情请查阅：王博士侃股（http：//blog.eastmoney.com/wangjining/ bloglist_0_1.html）

案例3：小牛市中沪指已上涨了10%， 个股轮涨时的分析博文

五力宝典周评（2014.9.18）：重组高潮暂谢幕，蓝筹回暖戏开场。

本周回顾：本周沪指在周二突然巨量跳水，走势图上留下了可怕的断头铡，令许多空头司令大呼行情结束了、行情谢幕了等，不过，周三、周四、周五在低估蓝筹股的带领下，沪指重新迈上2300点，稳定了盘面，并且出现了以银行股为代表的蓝筹接过上涨的大旗，小盘重组股有暂时销声匿迹的感觉。

沪指在2300点上方出现了巨量震荡的格局很正常，不值得大惊小怪，也不会就此改变大盘继续上攻的态势。原因是此轮行情第一阶段的导火索是蓝筹股的率先上攻，而第二阶段涨幅最凶悍的却是小盘资产重组股的火爆行情，在第二阶段中，蓝筹股几乎原地踏步，而小盘翻番股比比皆是，甚至出现了涨几倍的股票，因此，许多小盘重组股的非理性上涨，部分透支了行情的后劲，导致小盘股拉升的主力无法出货，新进场资金不愿高位接货，想获利了结者无奈只能以暴跌方式出货，这就是周二暴跌的罪魁祸首，所以周二跌幅居前的主要是小盘重组股，而浦发银行还逆势翻红就是明证。

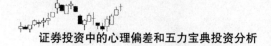
　　小盘重组股有的炒作却有过头之势，顺便举例，如新世纪号称借壳重组进军网游，股价已冲到接近 40 元，万好万家借壳进军传媒，股价复盘就涨至 20 元，这 2 只股都涨了数倍乃至 10 倍，即便重组了也未必能够保证将来有多好的业绩和分红，这么高的股价谁敢接？再看看上海银行股龙头每股净资产 11 元、年分红 0.66 元的浦发银行，股价不过 9 元多。所以，主力机构眼看重组股价格暴涨也需要出货去换仓低估蓝筹股，后市投资者如无确切把握，勿去轻易接盘股价暴涨至 10 元多的小盘重组股。

　　预计此轮行情的第三阶段将由低估值的蓝筹股来唱主角。沪港通想必 10 月份就正式起航了，届时，本博相信一定有大笔的资金会进来买低估的蓝筹股，一是可以通过现金分红享受高利率，而境外的利率是负数，国内的蓝筹股现金分红真的很诱惑人，再加上蓝筹 AH 股 10%~20% 的价差，境外资金还可以享受一段股价上升的肥肉，何乐不为！

　　下周展望：下周一直到沪港通开始，主要将是低估值蓝筹股的天下，当然，还有一批 5~7 元正在进行的小盘重组股还有戏。预计整体大盘还有 10% 左右的空间，正好可以填补上蓝筹股 AH 的价差，中国股市的恢复性上涨行情暂时基本到位了。

　　根据对国内外股市的横向对比以及国内股市的纵向对比看，参考沪港通后外资的投资偏好，本博认为中国股市的价值中枢应在 2600 点附近，目前还处于相对低估区，蓝筹股整体还处于低估区，而中小盘重组股整体进入高估区。有一种趋势可以适度考虑即蓝筹股向上涨一涨，而高价小盘股向下跌一跌。

　　经过此轮的恢复性上涨后，中国股市的大机会是否还有就要看转型升级是否成功、混合所有制是否突围等，相信中国股市后市还是很精彩的。

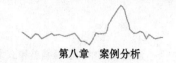

股市就是一个商品买卖交易场，价值规律永远都在起作用。涨高的商品跌价很正常，低估的商品涨价也在情理之中。没有不涨的股票，也不存在永远暴涨的股票，风水轮流转，资金乾坤大腾挪是永恒的主题。我们心态上要与时俱进，苟日新，日日新，方能从容应对。

关注股票：重点关注两类股：①低估值蓝筹股；②未大涨的、非ST类5~7元的资产质量优的小盘重组股。个股：浦发银行、上汽集团、赣粤高速、金鹰股份、通产丽星、苏宁云商、三房巷。

五力分析：

宏观经济：维持新常态下的经济格局　　　　　　　★★★★

微观经济：企业转型升级出现趋好苗头　　　　　　★★★

股票估值：部分股票处于低估区，部分高估，总体还在低估区

　　　　　　　　　　　　　　　　　　　　　　　★★★

技术分析：技术指标修正得比较理想　　　　　　　★★★

心理分析：投资者开始出现迷茫心态，对后市反而是好事

　　　　　　　　　　　　　　　　　　　　　　　★★★★

五星评级：弱四星评级，维持强势格局　　　　★★★★☆

详情请查阅：王博士侃股（http://blog.eastmoney.com/wangjining/bloglist_0_1.html）

案例4：小牛市中沪指已上涨了10%，平台震荡，新常态提出时的分析博文

五力宝典周评（2014.8.16）：普涨结束筑平台，淡定顺应新常态。

本周回顾：本周沪指在2200点进行了一周的拉锯，终于守住2200点，算起来2200点的争夺战已经持续了15个交易日，个股普涨了一遍，2200点平台构筑得很和谐，成交量保持得很好，总体看走势很健康。

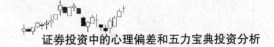

2014年股市的这波行情和前几年的骤升骤跌的短命行情有所不同，这次盘整时间长了，或就是本博前文所预测的慢涨牛模式，这种行情恰暗合了最高领导的新常态思维，中国股市毫无争议地是价值洼地，转型升级中的中国经济速度下降理所当然，股市需要在攀登的旅途中一边探索，一边停下来思考方向，走走停停，不温不火，底部渐抬，高点渐升，倒是给了在股市中长期鏖战的股友们淡定思考、从容选股的机会，比起短寿的疯牛真是好太多了！

下周展望：下周沪指依然会在2200点附近震荡，如有利好消息刺激，可能到2230点上方。持股者惜售心态稳定，空仓轻仓者补仓愿望强烈，加上国家各方思涨心态浓厚，利好消息不断，股市也处于世界洼地，国外资金流入明显，这就封杀了股指下跌的空间。

新常态下，大的宏观经济刺激不会搞，微刺激不断，传统行业五朵金花的行情不大，但是中小盘传统行业有强烈的重组欲望；新常态下，转型升级是主旋律，七大战略性新兴产业中的佼佼者白马股是首选；新常态下，勇于挑战、技术理念先进的小微科技公司活力无限；新常态下，刚性的消费如医药公司产品市场所受冲击小；新常态下，不思进取、蛮干瞎干、胡乱投资、不讲效益的企业将会被股市抛弃！新常态下，投资者不认真钻研，买入退市垃圾股，风险可不小！

顺应新常态，选股是关键。改不了心态，选不到好股。指数涨了你赔钱，赚了指数不赚钱。

具体操作上，下跌敢于买股，可适当加大仓位至7成。选股思路：①七大战略性新兴产业白马股，如新能源汽车等。②小盘低价资产重组股。③小盘低价医药股。

关注股票：①七大战略性新兴产业白马股，如新能源汽车等。②小盘低价资产重组股。③小盘低价医药股。个股：浦发银行、上汽集团、赣粤高速、金鹰股份、通产丽星、苏宁云商、宝通带业、三房巷。

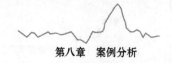

五力分析：

宏观经济：新常态下转型升级是主旋律 ★★★★

微观经济：沪港通、退市等诸多利好夯实大盘 ★★★★

股票估值：依然处于价值低估区 ★★★★

技术分析：2200点上下震荡 ★★★★

心理分析：投资者心态开始亢奋，入市积极性提高 ★★★☆

五星评级： 四星评级，继续看好 ★★★★

详情请查阅： 王博士侃股（http://blog.eastmoney.com/wangjining/bloglist_0_1.html）

案例5：小牛市中沪指已上涨10%的平台震荡，市场判断分歧时的分析博文

五力宝典周评（2014.8.1）：蓝筹享改革红利，慢长牛模式开启。

本周回顾： 不经意间，沪指8连阳了，沪指已经攻克2200点。回顾本博2014年7月5日博文：政廉经强风清扬，整肃退市后市扬！当时本博就从2012年以来首次将股市评级提升为4星，当时沪指仅2050点，此后股指虽有调整，但本博坚定看好后市，如7月11日写道：底部形态尚完好，筑底过程最难熬！7月18日博文更明确指明蓝筹股将是后市方向：国企低价股群涨，财富效应能破局。7月25日再次为蓝筹股鼓与呼：题材普涨大盘升，价值发现是主因。

这些博文并不是要吹嘘博文的眼光如何，而是证明本博所采用的五力五星评价模型确实比较准确和灵验，毕竟它是从宏观、微观、估值、技术、心理等近100个指标来研判大势（因篇幅所限，100个指标无法在博文中展示，只能把要点反映出来），事实告诫我们：炒股不能凭运气，不能凭主观臆断，更不能凭借所谓的小道消息，还是要用客观全面细致的数据和分析，方能在纷繁复杂的市场中找到立身之处。

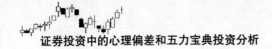

本周的行情不断放量，尤其是银行股资金流入明显，有大资金偷吃迹象，银行股有望扛起龙头大旗，带领大盘攻城略地。

下周展望： 在大老虎被揪出来的重大利好刺激下，沪指9连阳的势头实在太劲，本博希望最好能回调一些再涨，就看凶猛的资金能否答应回调了，而且回调的力度也难说，如有回调，银行股是首选。

长期以来，本博一直不太看好银行股，但是近期交通银行宣布进行混合所有制改革，加上沪港通、A+H股的比价效应以及华夏银行、南京银行等不断有外资内资收购，银行股总体市盈率仅4倍，分红率在7%左右，且A股银行股比H股便宜了20%多，银行股可以说是全世界股市最低估的板块了，大资金怎么会不青睐银行股呢？

混合所有制改革红利将给银行股为代表的蓝筹股带来长期的红利，这是低估值蓝筹股上涨的真正动力，也是大盘继续上涨的强劲发动机。

当前阶段可谓改革开放30多年来最好的时光，如此大力度地打击贪腐，深得全国人民的支持和拥护，毕竟贪腐分子只是一小撮，善良正直的人民才是大多数。

政风清、明镜悬。民心聚、士气涨。企业强、经济扬。中国股市雄起！

预计下周走势以涨为主，最好的走势是慢长牛模式，进二退一，让空仓和轻仓者有机会搭上车，这样，行情才能持久有力，最担心的是大批资金尤其是中小散户蜂拥杀入，变成疯牛行情，这样的行情不能持久。

但愿中国股市的慢涨牛模式开启，此乃中国股市的最大福音。

关注股票： 低估值中盘银行股、低估值高速公路股以及其他低估值国企改革股。个股：浦发银行、上汽集团、赣粤高速、金鹰股份、通产丽星、苏宁云商、宝通带业、三房巷。

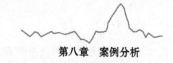

五力分析：

宏观经济：大老虎被揪出来是最大的利好 　　★★★★

微观经济：沪港通、混合所有制等将带来实质性利好 　★★★★

股票估值：估值低估区 　　★★★★

技术分析：底部放量突破 　　★★★★

心理分析：机构已大举吸纳蓝筹股，散户滞后 　★★☆

五星评级：四星评级，后市看好 　　★★★★

详情请查阅：王博士侃股（http://blog.eastmoney.com/wangjining/bloglist_0_1.html）

案例6：沪指还在2000点底部震荡时，本博明确发出牛市号角的分析博文

五力宝典周评（2014.7.5）：政廉经强风清扬，整肃退市后市扬!

本周回顾：本周对于有良知的国人来说，是大快人心的一周。2只国家级的大老虎被揪出来，总理强调7.5%的经济增幅必须确保，PMI指数连续上涨，政治经济一派向好迹象，真是：政廉经强风清扬。证监会也推出了退市文件，查处了不少蛀虫，乃：整肃退市后市扬，沪指稳步攀升，量价齐飞，牛市圆舞曲小碎步款款而来，各位博友，你们准备好了吗？迎接小牛的到来。

下周展望：2014年以来，沪指已在2000点筑成了5重底，2000点底部非常扎实了。加上从2012年9月沪指探至2000点区间来，已经在2000点底部区（最低1850点）磨蹭了近2年时间，沪指已经按捺不住，有磅礴向上的冲动了，不出意外，7月即将转势了!

这不是证监会一家的功劳，而是各种力量合力产生的结果，主要是来自政廉经强风清扬的贡献。如果举国上下的正气之风进一步弘扬，整肃歪风邪气深入基层，则人民对于国家的信心不断增强，经济起势

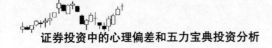

则更为迅猛，股市兴旺就来得更早，股民期待这一天，也越发坚信这一天近了。

不过，选股更难了，如果不顺应趋势，即便大盘上扬，搞不好你亏得更多！如果还纠结于投机心态，热衷不靠谱的重组、跟风炒作题材概念，如果不幸买中退市股，就血本无归了，所以要小心、小心、再小心。

关注股票：继续构建稳健组合，半仓股票，半仓资金打新，仓位中包含：新兴成长股、医药消费股、资产优异股、实质重组股。个股：浦发银行、上汽集团、赣粤高速、金鹰股份、通产丽星、苏宁云商、宝通带业、康芝药业、永安药业、三房巷。

五力分析：

宏观经济：政廉经强风清扬，利好　　　　　　★★★☆

微观经济：整肃退市后市扬，利好　　　　　　★★★

股票估值：估值低估区　　　　　　　　　　★★★

技术分析：2000 点底部 6 线黄金交叉，利好　　★★★

心理分析：机构已嗅出升机，积极建仓。散户麻木　★★☆

五星评级：★★★★（注意：这是本博 2011 年 6 月开博以来第一次给予四星评级，看好后市！半仓股票，半仓资金，积极打新股）

详情请查阅：王博士侃股（http://blog.eastmoney.com/wangjining/bloglist_0_1.html）

案例 7：沪指还在 2000 点底部苦苦挣扎时，本博预期小牛市的分析博文

五力宝典周评（2014.5.31）：死守两千见成效，小牛行情或可期！

本周回顾：本周沪指终于守住 2000 点，并将重心上移 40 点，在 K 线图上留下了比较漂亮的双底现状。回想起来，2000 点的争夺是从

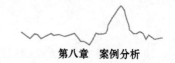

2013 年 6 月就开始了，尽管 2013 年 7 月沪指曾经跌至 1849 点，但是后来也回升到 2000 点上方，2014 年以来 2000 点多次盘中失守，收盘还是能回到 2000 点上方。因此，可以很清楚地知道：一定有一股强大的力量在暗中护盘，保证 2000 点不破。

既然 2000 点不破，监管层近期不断出台系列利好政策，一波小牛行情或可期。本博认为：切不可过于乐观，认为大牛行情就能拉开帷幕，小牛行情能不能扩大，只能且行且观察！原因有几点：

（1）看看 2800 个上市公司中，最赚钱的公司主要是银行、电力和高速公路。这三类公司都是垄断型公司，它们的利润不是真正靠市场竞争得到的，在银行不良资产大幅增加、利润下滑，电力和高速公路开展混合所有制改革、让利于民间的大背景下，它们是难以维持现在的高利润的。

（2）汽车和地产是除了上述三大行业外能赚钱的行业，但是房地产企业出现了分化，中小开发商日子难熬、资金链很紧张，利润也可能下滑。汽车在国家新能源汽车的利好推动下，其中一些具有品牌效应、质量好、技术创新能力强、产品附加值高的少数企业还有继续向好的空间。

（3）创业板股票经历了从 2012 年底的 585 点低位上涨至 1500 点，已经大涨了近 3 倍，很多股票已经涨了 10 多倍，现在它们的价位已经不低了，价值回归的任务基本完成。如果从 6 月份开始，新股大量上市，过去集中资金狂炒小市值的创业板股票的基础也慢慢消失，所以这几天创业板的反弹明显没有跟风资金的介入，成交量也小了不少。

（4）退市政策如果大力强化，下面可能出现垃圾股成批退市的格局，这也造成选股尤其困难的情形，低价业绩差的股票不能一味赌重组了，这样一个垃圾股板块基本不敢碰了。

受困于三期叠加的窘境，大规模刺激政策也不会出台了，最多是微刺激政策，大手笔的货币宽松政策也不会出台，而是定向局部宽松政策。这种情况下，大牛怎么能出现呢？小牛是有可能出现的，200点左右的上升行情可期，要等大牛，只能且行且观察！

下周展望：有望缓慢上升，可能采取退二进一的形式上升，仓位可以在 5 成，余下资金分别布局沪市和深市的股票，由于沪市增加了战略性新兴产业板块，也会有一些好股票上市，所以需要同时具有沪深 2 市的股票，便于同时打两个市场的新股。

关注股票：①分红好的质优价廉的中盘蓝筹股，不含银行、电力和高速公路。②资产质量好，无退市之忧的小盘低价重组股。③小盘业绩增长价格相对低估的创业板中小板股票。个股：浦发银行、上汽集团、赣粤高速、金鹰股份、通产丽星、苏宁云商、宝通带业、康芝药业、永安药业、三房巷（当时低估股票较多；所以股票池中股票数量较多）。

五力分析：

宏观经济：PMI 指标连续好转，经济可能稍好点　　　　　　★ ★ ☆

微观经济：神秘之手拼死护盘 2000 点，微观利好不断出台

　　　　　　　　　　　　　　　　　　　　　　　　　　　★ ★ ☆

股票估值：估值低估区，有些股票估值不高　　　　　　　　★ ★ ★

技术分析：漂亮的双底图形出现　　　　　　　　　　　　　★ ☆

心理分析：主力机构依然在偷吃　　　　　　　　　　　　　★ ★ ☆

五星评级：半仓股票，半仓资金准备打新股　　　　　　　★ ★ ★

详情请查阅：王博士侃股（http://blog.eastmoney.com/wangjining/bloglist_0_1.html）

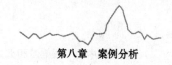

第二节 熊市中五力宝典投资模型分析博文

案例1：沪指屡次跌破2000点，熊市氛围浓厚，提出坚守小盘次新股的分析博文

五力宝典周评（2014.1.18）：死守2000遮羞布，黔驴技穷添笑料。

本周回顾： 本周的沪指多次触及2000点，最低在2001点，仅差1点就撕掉了2000点的遮羞布，不知是何许高人在拼命护盘，2000点勉强守住，不过，依本博看：如证监会不好好反思自己的举措是否真正保护了投资者的利益，还是一味嘴犟，死抱错误的教条，恐怕2000点是迟早保不住的。

因为在目前的情况下，绝大多数投资者不敢多买股票，只需守着1/3的仓位就够了，留下2/3的资金足以顶格打新股了。没有资金的介入，面临新资金的枯竭，单靠行政指令去护盘，怎么能护住2000点呢？

下周操作： 2000点是否守住已无参考价值了，把握好自己的操作就可以了。只要留好少量仓位，能满足深圳顶格打新股的仓位即可，余下的资金坚持打深圳小盘低市盈率新股，自己的仓位持有价值低于新股的小盘次新股。

如自己手中持有的股票继续大跌，可以逢低逐步补仓，很多小盘次新股的价值远低于新股，可以作为中长期持股的标的，不必过于担心大盘的走势。

个股： 康芝药业、永安药业、宏图高科、三房巷。

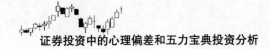
五力分析：

宏观经济：总体经济形势一般偏弱　　　　　　　★★

微观经济：新股政策需要好好纠偏　　　　　　　★

股票估值：关注小盘低估值次新股　　　　　　　★★☆

技术分析：有再下一个台阶的危险　　　　　　　★☆

心理分析：投资人心态普遍较悲观　　　　　　　★☆

五星评级：★★☆

详情请查阅：王博士侃股（http://blog.eastmoney.com/wangjining/bloglist_0_1.html）

案例 2：沪指下跌至 2000 点熊市时，提出关注转型升级概念股的分析博文

五力宝典周评（2013.9.19）：转型升级进行中，股市升降却茫然？

本周回顾：虽然上周总理在达沃斯论坛上提出中国经济进入了提质增效的第二季，但是本周股市却走得非常迟疑，稍有一点 IPO 可能开闸的消息出来，立马暴跌，好像投资者一点信心都没有一样。不过，这也在情理之中：中国股市伤害投资者太深了！投资者如同惊弓之鸟，投资心态极其脆弱。

不过，即便在本周如此弱势的市场中，还有些许亮色衬托着股市：如以电商+店商+银行模式的苏宁云商本周依旧大涨近20%，反映出经济转型、科技创新、民营崛起的创新优质股依然是市场的宠儿，它们的传奇故事还在进行中，它们是股市永恒的主题！殊不知，美国电商股亚马逊已大涨至313美元/股，总市值1430亿美元，折合人民币8400亿元，而亚马逊的业绩是亏损0.23美元/股。

这么一看就知道中国新经济的康庄大道和中国股市的突破方向了。

下周操作：由于目前沪指还在低位，跌也跌不到哪里。美国和欧

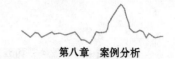

洲股市又创了历史新高，这也给中国股市增添不少底气。如果新股发行真能有保护投资者的举措出台（其中最重要的是市值配售和优先股），那么中国股市来一轮大涨绝不是奢望。但是如果新股发行还是退回老路，股市大不了也就再跌到 1900 点而已，没什么可怕的！但是，就会再一次深深伤害投资者的心，最终导致哀莫大于心死！就看管理层是否真正走群众路线了！

回调有望趋稳，重回上升通道。在保留适度仓位的情况下，可留 2~3 成的空仓，以防突然不利的消息导致的急跌。继续关注转型升级概念股。个股：东方财富、神龙大丰、光明乳业、三全食品、诚志股份、浦发银行、杉杉股份、杭钢股份、苏宁云商、沃华医药、宏图高科、三房巷、四川长虹。

五力分析：

宏观经济：稳增长、调结构、促转型、保就业是主旋律　　★★☆

微观经济：近期出现了一些复苏的迹象　　★★☆

股票估值：转型升级股价值挖掘没有结束　　★★☆

技术分析：回调有望趋稳，重回上升通道　　★★☆

心理分析：新股重启的各种传言让投资者茫然　　★★☆

五星评级： ★★☆

详情请查阅：王博士侃股（http://blog.eastmoney.com/wangjining/bloglist_0_1.html）

案例3：沪指下跌至 2000 点熊市时，继续关注创业板股票的分析博文

五力宝典周评（2013.8.23）：大小盘分道扬镳，创业板风景独好！

本周回顾：本周大盘的确受到了光大乌龙事件的影响，沪指出现了向下微跌的态势，而创业板倒是一骑绝尘，本周五又创 1225 点近期

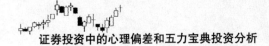

新高，离历史最高 1239 点仅仅 14 点的距离，看来大盘股小盘股的分道扬镳还要继续，创业板风景独好，创历史新高难以抗拒了。

下周操作： 由于目前国际股市不好，国际热钱攻击亚洲股市的疾风骤雨时而爆发，加上市场资金面依旧不给力，一线城市房地产太火吸引了很多资金，周期性行业的转型还在进行时等因素，指望银行股揭竿而起，带领大盘股摧城拔寨是不现实的。而不多的资金蜗居在创业板中，追捧中国最具成长潜力的一批优质中小盘股，确实是最理性和最现实的选择。而且，相比美国纳斯达克市场中的中国概念股，现在创业板股票还属于估值适中，大家可以看看：一般比较优质的中国网络股在纳斯达克市场的市值是 30 亿美元，折合人民币 180 亿元，百度市值和腾讯市值就贵多了，按照这个标准，我们创业板股票应还有空间。

既然市场选择了创业板，投资者别无选择，只能适者生存！

最近有某家大银行请我去讲座，指定要我谈利率市场化，他们感觉这是对他们最大的威胁。实则我认为：①利率市场化已经悄悄到来了，如阿里的余额宝、东方财富的活期宝、定期宝、苏宁的易购宝等，都是利率市场化的变异；②对银行更大的威胁是民营银行的大量涌现，如苏宁高调宣布将申办银行。阿里也有此打算，这些民营大鳄其实早就作此打算了，把触角早已渗透到银行的地盘了，苏宁透露：它们的金融部早就开始工作了，只不过我们传统银行日子太好过了，没有意识到威胁正在慢慢到来；③这样的洗盘恐怕不只是金融业，其他暴利行业都可能有这样的威胁，所以，适者生存，未雨绸缪者才能生存下去。下周可能的走势是沪指继续小幅下调，而创业板小幅上调。主战场还在创业板。

个股： ①大行业中的小盘创新股：华谊兄弟、生意宝、神州泰岳、东方财富、神龙大丰、国民技术、沃华医药、电科院、北京君正、兆

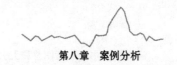

日科技、南大光电、千红制药、苏交科；②大行业中的百年老店股：伊利股份、光明乳业、三全食品、西王食品、明牌珠宝；③大行业中的中盘超越股：比亚迪、杉杉股份、苏宁云商、海普瑞、爱尔眼科、四川长虹、浦东建设；④小行业中的绝对独占股：乐凯胶片、金丰投资、诚志股份、大康牧业、佳隆股份。

五力分析：

宏观经济：稳增长、调结构、促转型、保就业是主旋律　　★★☆

微观经济：投资机遇可能还在创业板中小板　　　　　　　★★

股票估值：估值的调整还在继续　　　　　　　　　　　　★★☆

技术分析：大盘股依旧不振，创业板还有戏　　　　　　　★★

心理分析：主力积极介入创业板，散户天天做差价　　　　★

五星评级： ★★

详情请查阅： 王博士侃股（http://blog.eastmoney.com/wangjining/bloglist_0_1.html）

第三节　平衡市中五力宝典投资模型分析博文

案例1：沪指在 2000 点区域徘徊时，鲜明提出创新股机会的分析博文

五力宝典周评（2013.8.2）： 大盘底部荡钟摆，机会还在创新股！

本周回顾： 本周大盘股依旧很乏力，上证指数在 2000 点上下荡钟摆，创业板指数还是很坚挺，再次冲击 1208 点新高，目前情况下，大盘股的确没有多大看头，热点在创业板和中小板，不过，由于上周和

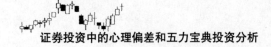

本周创业板指数连续 2 次冲击 1208 点未果，有可能会形成一个小双头，让人有点担心，创业板会不会大回调？

下周操作： 尽管前期本博一直看好创业板，但是本周创业板上行阻力加大，创业板龙头股有点扛不住了，如华谊兄弟、东方财富等，因此，不排除下周创业板有比较大的回调。不过，即便创业板回调也不用太担心：一是创业板指数本身不高（现在也就 1100 多点），回调也不可怕；二是很多好股票、好公司还在创业板里；三是在中国香港上市的腾讯是创业板的好榜样，股价 10 年从 3 港元涨至 360 港元，足足涨了 100 多倍，让人看到小公司成长为大公司的希望；四是未来在创业板里挖掘腾讯的投资还将继续！

创业板未来真正的活力在于是否能诞生百度、腾讯、阿里巴巴这样的公司了。腾讯的财富密码是什么：梳理一下腾讯的发展，腾讯刚创立的时候，凭借 QQ 一个产品是不赚钱的，所以早期腾讯的股价只有 3 港元！但是，凭借 QQ 带来的巨大人气，过亿的用户，腾讯后来发展微信、网络游戏、网络购物、广告等，效益越来越好，股价也就越长越高！看来，依靠群众攒人气是最靠谱的！再来看看创业板中有腾讯这样的人气王公司吗？暂时还没有这么旺人气的公司，倒是有几个公司人气像小腾讯，如果这几个公司能够进一步走群众路线，把人气再攒得更旺，同时，有办法依靠人气赚钱，那么，下一个腾讯可能又冒出了。所以本博还是喜欢创业板中的未来腾讯，如创业板大跌，首选还是创业板！

个股： 具有以下特点：①公司产品和服务顾客人群多，同时具有高技术门槛、质量口碑好，消费者信赖，市场份额高，其他公司难以复制或竞争；②财务状况良好，现金流充沛，可以应付资金方面的压力；③国家产业支持力度大，企业具有可复制的技术管理和文化实力，摆脱了依靠投资、资源和人力的发展模式；④盘子最好不宜太大；

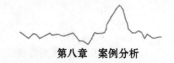

⑤产业是富有想象力的新行业，股价处于相对低位；⑥公司具有一些独特的资源禀赋。

五力分析：

宏观经济：稳增长、调结构、促转型、保就业是主旋律　　★★☆

微观经济：投资机遇可能还在创业板中小板　　　　　　★★

股票估值：估值低估区内做钟摆运动　　　　　　　　　★★☆

技术分析：大盘股底部区震荡，小盘股有回调风险　　　★★

心理分析：散户无所适从的茫然心态　　　　　　　　　★

五星评级： ★★☆ （创业板中小板中有寻找下一个腾讯的投资机遇）

详情请查阅： 王博士侃股 （http://blog.eastmoney.com/wangjining/bloglist_0_1.html）

案例2：沪指在2000点区域徘徊时，提出寻找财富密码的分析博文

五力宝典日评（2013.7.26）：新股发行不透明，财富密码主力藏！

本周回顾： 本周上证指数在2000点上下蹒跚前行，而创业板指数却在本周三又创了1208点的新高，虽然周四放量大跌，周五却又继续上涨，主力资金云集创业板，让广大中小投资者叫苦不迭，因为中小投资者或没有开通创业板或不敢买已经涨高的创业板股，只能眼巴巴看着创业板股票一骑绝尘而去，自己的账户却在不断缩水。

下周操作： 尽管中央高层希望尽快开闸创业板，支持实体经济和科技创新，但是，证监会却迟迟不向投资者明白告示：创业板到底准备何时开？采取什么样的形式？这样就造成了严重的不透明，所以，也要防止突然出现IPO的不利消息，导致猝不及防，所以在仓位千万不能满，需30%的资金去买一些高收益的短期理财，提防万一有不利

的消息出台。

下周恐怕还是创业板的天下，因为在目前的格局下，只有创业板才能有阶段性的机会。你看：上证指数 2010 点，深证指数 7840 点，中小板指数 4780 点，创业板指数 1150 点，上证和深证指数盘子太大炒不动，深证指数太高，中小板指数也太高，只有创业板指数偏低，即便创业板指数涨到 1500 点，依然还是低于其他几个指数，但是，创业板股票意味着平均涨幅要 40% 以上，这样的小马拉大车的好事想必主力不会放弃的，所以本博的观点是创业板还有戏！

经过本博的仔细观察，许多优质创业板股票具有前几年类似白酒股的财富密码，这些财富密码已经被主力机构洞悉了，后期有些业绩很垃圾的创业板股票会来一个乌鸡变凤凰，展现出亮丽的业绩，届时你就会知道主力为什么敢炒创业板股票了！

本来白酒股的财富密码还能继续下去的，没想到新一届领导班子反对大吃大喝，这样一来，白酒股的财富密码失去了，所以大家看到白酒股断崖式的下跌，所以白酒股还是不能碰的。

但是创业板不同，它们的财富密码刚刚开启，就像几年前的白酒股刚开始涨的时候一样，所以，本博对创业板继续看好。朋友可能会很好奇：哪来的什么财富密码？有本事你说出来。不过，这是不能说的事情，大家只能自己去体会，股市上不断发生的故事已经渐渐地展开财富密码，且不同行业不同个股的财富密码是不同的，无法用一个模式说出来，大家自己去学习研究吧。如创业板大跌，首选依然是创业板！

个股： ①产品具有高技术门槛、质量口碑好，消费者信赖，市场份额高；②财务状况良好，现金流充沛，可以应付资金方面的压力；③国家产业支持力度大，企业具有可复制的技术实力，摆脱了依靠投资、资源和人力的发展模式；④盘子不宜太大；⑤产业是富有想象力

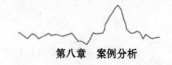

的新行业，股价处于相对低位。

五力分析：

宏观经济：稳增长、调结构、促转型、保就业是主旋律 ★★☆

微观经济：新型企业会有很大的投资机遇 ★★

股票估值：估值依然处于低估区 ★★☆

技术分析：2000点底部盘整，创业板很火 ★★

心理分析：市场心态2个极端，散户失望，机构开心 ★

五星评级：★★☆（创业板中小板中有寻找下一个腾讯的投资机遇）

详情请查阅：王博士侃股（http://blog.eastmoney.com/wangjining/bloglist_0_1.html）

案例3：沪指在2000点区域徘徊时，提出寻找复方药的分析博文

五力宝典周评（2013.5.4）：经济徘徊股市僵，正能量需复方药！

本周回顾与下周预测：本周股市行情就像猴市一样上蹿下跳，在这种行情中获利很难。冰冷的股市导致社会大众对股市的态度降到冰点，央行的调查显示：目前仅有4%的人对股市有兴趣。与中国股市相反的是，欧美股市连创新高，美国道琼斯股指再创历史新高，离15000点仅一步之遥，欧洲德国法兰克福DAX指数冲破8100点大关，国外的投资者赚得盆满钵满，中国股民还处于血雨腥风中。

个股：①光明乳业（业绩转好、主力进入、奶业消费第一品牌，市场容量大前景看好，适合激进的投资）；②诚志股份（业绩转好，低价，清华控股，盘小，医药，净资产高，适合激进的投资）；③神龙大丰（种子创新股，适合激进的投资）；④国联水产（养殖各种虾类的龙头企业，适合激进的投资）；⑤东方财富（国内顶级的网络证券商和门

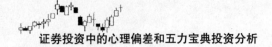

户网站，适合激进的投资）；⑥四川长虹（2元白菜价，破净7折，品牌价值770亿元，全产业链整合有亮点，消费类，主力偷吃，适合保守的投资）；⑦浦发银行（中国的富国银行，质优价廉，分红优厚，适合保守的投资）；⑧宁沪高速（中国最发达地区的繁忙高速，分红优厚，适合保守的投资）。

五力分析：

宏观经济力：中国宏观经济的很多问题与当前的财政货币政策相关，我国的财政政策和货币政策与西方的恰恰相反，我国采取的是积极的财政政策和稳健的货币政策（实质就是松财政紧货币），而西方采取宽松的货币政策和从紧的财政政策，西方各国不断向实体经济中输入流动性并且压缩政府公共支出。近期欧洲央行再度降息，西方各国利率基本都在零区间，这样社会上大量的资金流进股市流进中小企业，股市走牛经济转好就不足为奇。而我国财政是不可能紧的，在 M_2 高企的背景下，为了防止 CPI 指数飙升，只能去紧货币，这样就导致股市缺钱，中小企业缺钱，民间高利贷等问题自然爆发。因此，我国宏观调控政策的空间比较小，调控的难度很大，所以暂时还不能说股市有大涨的契机。　　　　　　　　　　　　　　　　　★★

微观经济力：企业尤其是小企业日子很难熬，在从紧的货币政策下，进入股市的资金本来就少，前期大量的公司在股市造假，欺骗股民，上市捞钱，导致投资者血本无归，没有回报！股市自然没有吸引力了，如果不好好治理，3年后股市真的会垮掉！　　　★★

估值力：全球货币泛滥是不争的事实，中国的民间资金很多也是事实，但是这些资金没有进入股市，最近中国大妈抢购黄金就是明证。中国股市总体估值水平不算高，有些蓝筹股的现金分红率就超过了5%，如浦发银行、工商银行、中国银行、农业银行、宁沪高速、福耀玻璃等，如果再考虑它们一贯的高分红，其实，这些股的投资价值已

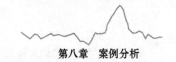

达到高收益的银行理财产品了。就是放在西方股市里，这样的分红也很丰厚了。所以，中国股市总体估值在半山腰偏低位置。　　★★★☆

技术力：中长期的底部附近徘徊，上下空间均不大。向上空间暂时也不大，各种均线系统交织，预示市场在等待消息，如果真正能出台挽救股市的利好政策，股市向上的空间有；反之，向下也有可能。

★★☆

心理力：投资者对股市已经麻木不仁，麻木、保守是当前的主要心理偏差。　　★★☆

五星评级：★★☆

详情请查阅：王博士侃股（http://blog.eastmoney.com/wangjining/bloglist_0_1.html）

第四节　五力宝典投资模型的个股诊断及日评分析博文

案例1：五力宝典投资模型对于上升行情中小盘股和大盘股的分析博文

五力宝典日评（2014.9.10）：蛟龙戏水，巨鲨潜伏!

今天虽然沪指下跌8个点，但是个股异彩纷呈，尤其是小盘题材股又是暴涨。总盘3亿元以下，股价7元下的非ST小盘股基本绝迹，小盘题材股像火箭一样噌噌地越过8元，向10元挺进，而优质低价蓝筹股就纹丝不动，好像此轮行情与它们无关。此情此景，甚为熟悉。2007年上半年也是同样的前景，小盘题材股几乎涨疯了，主力甚至提

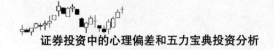

出了消灭 10 元以下股的豪言壮志，结果，后面的故事大家都知道了，追涨小盘股的很多人高位被套牢了，绝大多数人到今天都没有解套，当时的故事也是资产重组，当然其中也有少数牛股，但绝大多数都是骗人的。

今天还是小盘重组股在说故事，主要还是 TMT 的故事，股市虽然是炒未来的，但也不能完全脱离业绩和分红，单靠说故事来炒股，业绩和分红始终很差，最后就变成了击鼓传花，谁接了最后一棒就变成烫手山芋了，所以，要小心、小心、再小心！对于重组股价格超过了 10 元，就要慎重参与了。

沪港通后，要站在未来可能进入国内股市的大资金角度来看股市，它们在国外是负利息，它们进来后有三个原则：一是要保证安全，不能去冒险，因此，它们不可能去追涨超高的小盘重组股，就像香港股市中低价小盘股大把大把的；二是它们要获得稳定的收益，很多蓝筹股 6%~10% 的现金分红对它们很有诱惑力；三是绩优蓝筹股 AH 股的价差达到 20% 以上，即它们还有比较充分的上升空间，加上中国经济很好，国内蓝筹公司的业绩稳定增长能保证的。因此，本博判断，绩优高分红蓝筹股一定是沪港通后外资的首选。

投资者在小盘股上赚钱后，可以把资金转到未涨的绩优蓝筹股来，或许有下一波的收获。游资就像蛟龙，把小盘股炒得风生水起；巨资就像巨鲨，潜伏于水底，偷吃味美价廉的绩优蓝筹股。这股市，有看头！

详情请查阅：王博士侃股（http://blog.eastmoney.com/wangjining/bloglist_0_1.html）

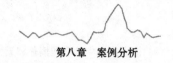

案例 2：五力宝典投资模型对于上市公司转型升级的分析博文

五力宝典周评（2013.9.28）： 拥云端胸怀智慧，观云海云卷云舒。

本周回顾： 本周沪指在几个利空消息的打压下，尤其是 IPO 开闸的消息，沪指大盘向下大跌，不过本博股票池中的股票表现基本坚挺，由于这些股票大多属于转型升级产业板块，反映出未来经济的突破方向依然在战略性新兴产业，它们后面的故事更精彩！

感谢朋友的理解支持，想到有不少朋友期待着新博文发表，甚感欣慰，为这些朋友写博客就成为了一种温馨的享受：就好像品一杯香气氤氲的碧螺春、观玄武湖绿珍珠似的宁静，赏紫金山袅袅紫烟升腾，与一群挚友谈天说地，乃人生一大乐事也！

经股之道： 回顾中国 30 多年来经济发展的奇迹，增长的动力主要来自于投资和出口，基本和苏联的发展模式相吻合，这种发展模式是当时当地的实际情况决定的，也是中国经济发展的必由之路。消费和科技创新对经济发展的贡献不大，而过度依赖投资和出口拉动经济增长，导致很多城市成为大工地，许多工厂园区成为世界制造基地。

从各地土地房地产价格的飞涨，各地基础设施建设的突飞猛进就足以彰显这种发展模式的成效。随着中国 GDP 超过日本，成为世界第二大经济体，随着人民币升值力度的不断加大，随着中国老百姓收入水平的不断提高，随着人民对于环境生活质量标准的提高，我们的环境污染问题越来越严重、我们的资源越来越匮乏、我们外向型经济的利润越来越减少。

过去的经济发展模式受到越来越多的质疑，有识之士意识到：中国经济必须走转型升级之路，更多地依靠科技创新、更多地依靠内需消费、更多地依靠高技术含量高附加值的产品、更多地依靠城镇化红

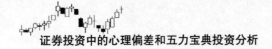

利、更多地依靠放权让利的改革红利、更多地依靠民营经济崛起振兴的红利，从中国制造转为中国创造，中国经济才有更加辉煌的未来。

所以，新一届领导响亮地喊出：提质增效第二季，后面股市更精彩！

改革进入深水区，反腐倡廉、弘扬社会公平正义、实现百姓民生福祉就成为必然的选择，这种源自基层百姓心声的呐喊，也成为高屋建瓴的云端智慧，中国经济前景可期！

企业经营和股市投资，当然应循着经济发展的合理逻辑和脉络展开，这就是企业家和投资家应拥有的云端智慧，只有站在这样的层面，方有一览众山小的胸怀，才能闲庭信步，坐云海观云卷云舒！

苏宁云商、华谊兄弟、比亚迪、中青宝、淘宝网、腾讯、东方财富、神州泰岳、光明乳业……都是转型升级大逻辑下的牛股，当你坐在云端，提前感知到它们内在崛起的活力和冲劲时，你就有可能在它们还是小荷刚露尖尖角的时候，提前拥有它、珍藏它、欣赏它、陪伴它，当然也就可以与财富同行！

眼界决定高度，气度决定成就！

这才有 2014 年 9 月 26 日博文：涨非涨也，跌非跌也，沉毅志远。才有 9 月 25 日博文：千亿值，新征途！

才有本博心的呼唤：在纷繁复杂的投资世界里，需要沉毅、志远！在云波诡异的商海，更需要沉毅、志远！沉毅、志远、心定、气平。个中含义，自去领悟。

案例3：五力宝典投资模型提出9大选股要点的分析博文

五力宝典周评（2013.10.20）：谣言澄清阴霾散，肖氏新政冀期望。

本周回顾：本周创业板回调幅度较大，这是好事，可以让事情冷静一点，多比较多甄别，让真正的优质转型升级股能够长期稳步前进，

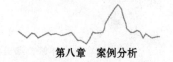

让伪转型升级股原形毕露，早点露出马脚，免得鱼龙混杂搅乱大盘前进的步伐！

本周沪指走势健康，周末证监会出面辟谣，重申 IPO 重启必须以保护中小投资者的利益为重中之重，且近期不会推出，这就昭示我们：IPO 重启不一定是利空，可能是利好，而且在当前大走群众路线的情况下，市值配售和优先股完全可能实施，如若真的这样，就迫使投资者长期持有股票，才能配售新股，打破过去大量资金不买老股专打新股盈利的食利模式，股市长期上涨可期。

下周操作：可以精选个股，逢低建仓，激进投资者可以把仓位加大至 80%~90%仓，等待跨年度行情，也等待肖氏新政给市场带来新行情，2005~2007 年的超大牛市还记忆犹新，当时就是尚氏新政带来的，我记得当时看好的一只股票 ST 环球，最高涨幅达 20 倍，还有一只也看好的招商银行涨幅达 10 倍左右，而这 2 只股票与当时宏观经济的大趋势非常吻合，地产和银行等周期性行业拉动经济增长。

这次肖氏新政如能奏效，此次的牛股一定是转型升级概念股。投资者切莫因为选股不当失去机遇。

选股要点：

（1）公司产品要符合转型升级的方向，首选互联网绿色环保节能类。

（2）领导层思路明晰，战略得当，有实际举措推进转型升级。

（3）公司执行力强，市场竞争力突出，有杰出的团队和领袖。

（4）公司财务状况好，存货少，应收账款少，预收账款多，货币资金多。

（5）公司毛利率高，资产收益率高，品牌效应好，受顾客欢迎。

（6）公司积极应对创新，对外界反应迅速，能及时配合媒体宣传。

（7）规避公司资产过多沉淀于传统的生产线存货等固定资产上。

（8）重点关注符合上述条件的民营企业。

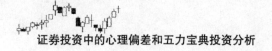

（9）公司的股本以中小盘为主，重点在小盘创新股和中盘超越股。

案例4：五力宝典投资模型总结出个股操作方法的分析博文

五力宝典日评（2013.10.31）：淡定的心态加正确的操作方能收获成功。

由于季报不好，苏宁等一批转型升级股今天跌停。预计这次最低下跌可能还要继续，要有一定的心理承受能力。不过，跌过这段最痛苦的时间，后面的前景还是很光明的。因为，今年是转型升级元年，财务报表难看是可以理解的，也不排除有人为控制的痕迹，当然是不能让散户看出来的。随着明年业绩逐渐转好，它们的股价也会上去的。

当前具体的操作手法：①滚动操作，反弹出一点，到低位接回来，手头始终保持一定的资金，但是这种手法看你有没有操作的时间；②可以趁反弹将苏宁换股到其他未涨的比较优质的股票上，如宏图高科等，手头有2~3只股票轮换做；③死守捂股，这种手法有点笨，对心态要求比较高，买股的资金也要是闲钱，一般不鼓励这种做法，如万一被动套死了，好股票只有采取此法了，到低位必须回补回来。只要是好股，也无妨，最终能让你赚回来，甚至让你赚更多；④高价追涨，跌到低位时恐慌卖出。这是最糟糕的做法，也是对自己财富最大的损害。

如东方财富，按第一种操作，假定你在2012年5月以10元的价格买入1万股，然后滚动操作，最终成本降为6元，股票还是1万股，然后此股在2013年10月10送10后，股价达到26元，相当于复权价52元，你的持股资金就从6万元变为52万元，账面盈利46万元。但是如果你没有补回来，或者股票变少了，可能只能赚几万元。当然你可能认为这是最理想的操作了。

按第二种操作，假定你在2012年5月以10元的价格买入1万股，

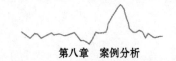

涨到 16 元你抛出一半，变为 5000 股，持股成本变为 4 万，然后把卖掉的 8 万元同期以 4 元一股的价格换成 2 万股宏图高科，然后此股在 2013 年 10 月 10 送 10 后，股价达到 26 元，相当于复权价 52 元，而宏图高科还是 4 元每股，这时你的东方财富变为 1 万股，资金变为 26 万元，而宏图高科股价不变，还是 4 元，宏图资产还是 8 万元，你的总资产为 26+8=34（万元），账面盈利 24 万元。

按第三种操作，假定你在 2012 年 5 月以最高价 16 元买入 1 万股，跌到 2012 年 12 月的 7 元，跌幅达到一半多，即便你套死了，如你敢于在 7 元多等量补仓 1 万股，你的成本就降为 12 元，然后此股在 2013 年 10 月 10 送 10 后，股价达到 26 元，相当于复权价 52 元，你的涨幅就达到 4 倍多，此时你的股票变成 4 万股，你的资金就变成 26 元×4 万股=104 万元，账面盈利 81 万元；

按第四种操作，假定你在 2012 年 5 月以最高价 16 元买入 1 万股，跌到 2012 年 12 月的 7 元，跌幅达到一半多，这时你很恐惧，叫苦不迭，然后一赌气割肉卖出，账面资金从 16 万元变为 8 万元，净亏 8 万元。

总结： 前三种做法均能盈利，前两种做法是看起来很精明的投资者的做法。最大的赢家反而是看似最笨的第三种做法，这就是行为金融的精髓，它对人性的考验太残酷，一般等闲之辈无法理解也无法操作，这是人的天性使然，所以，虽然此法最笨，却是最大智若愚的做法，巴菲特等大师最赚钱的股票都是这么来的。只有能真正超脱，敢于把股票不看成钱，只是看成数字符号，不管大涨还是大跌，都能哈哈大笑，淡定自然，那么赚钱就是必然的事情了。

第四种做法是心理素质最差的投资者所惯常采取的，所以他们亏损累累，惨不忍睹！因为这样的投资人太多，本博也无法时时指点，这也是本博不愿和别人谈股票的原因。

参考文献

［1］Aumann R. J., Hart S., Perry M.. Conditioning and the Sure－Thing Principle ［M］. Discussion Paper Series, Center for Rationality, Hebrew University of Jerusalem, 2005.

［2］Brenman M. J.. Latent Assets ［J］. Journal of Finance, 1990 (45).

［3］Busemeyer J. R., Townsend J. T., Diederich A ., Barkan R.. Contrast Effects or Loss Aversion?［J］. Comment on Usher and McClelland. Psychological Review, 2005, 112（1）.

［4］Davies M. F.. Reduction of Hindsight Bias by Restoration of Foresight Perspective: Effectiveness of Foresight－encoding and Hindsight－retrieval Strategies ［J］. Organizational Behavior and Human Decision Processes, 1987 (40).

［5］Dawes R. M.. Everyday Irrationality: How Pseudo－scientists, Lunatics and the Rest of us Systematically Fail to Think Rationally ［M］. Boulder, CO, US: Westview Press, 2001.

［6］Fischhoff B. Hightsight ≠ foresight: The Effect of Outcome Knowledge on Judgment Under Uncertainty ［J］. Journal of Experimental Psychology: Human Perception and Performance, 1975（1）.

［7］Fischhoff B. Perceived Informativeness of Facts ［J］. Journal of

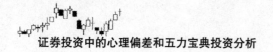

Experimental Psychology: Human Perception and Performance, 1977(3).

[8] Fischhoff B., Beyth R.. "I Knew It would Happen" —Remembered Probabilities of Once-future Things [J]. Organizational Behavior and Human Performance, 1975 (13).

[9] Hawkins S. A., Hastie R. Hindsight: Biased Judgment of the Past Events After the Outcomes are Known [J]. Psychological Bulletin, 1990 (107).

[10] Hell W., Gigerenzer G., Gauggel S., et al. Hindsight Bias: An Interaction of Automatic and Motivational Factors [J]. Memory and Cognition, 1988 (16).

[11] Hertwig R., Gigerenzer G., Hoffrage U.. The Reiteration Effect in Hindsight Bias [J]. Psychological Review, 1977 (104).

[12] Kahneman D., Tversky A.. Choices, Values and Frames [J]. American Psychologist, 1984 (39).

[13] Kühberger A., Schulte-Mecklenbeck M. & Perner. J.. The Effects of Framing, Reflection, Probability and Payoff on Risk Preference in Choice Tasks [J]. Organizational Behavior and Human Decision Processes, 1999 (78).

[14] Li S., Taplin J. E.. Examining Whether There is a Disjunction Effect in Prisoner's Dilemma Games [J]. Chinese Journal of Psychology, 2002, 44 (1).

[15] Roll, Richard. A Mean/ Variance Analysis of Tracking Error [J]. Journal of Portfolio Management, 1992 (12).

[16] Savage L. J.. The Foundations of Statistics [M]. New York: Wiley, 1954.

[17] Scharfstein, David, Jeremy Stein. Herd Behavior and Invest-

ment [J]. American Economic Review, 1990 (80).

[18] Shafir E., Tversky A.. Thinking Through Uncertainty: Noncon-sequential Reasoning and Choice [J]. Cognitive Psychology, 1992 (24).

[19] Shefrin H. M., Statman M.. The Disposition to Sell Winners too Early and Ride Losers too Long [J]. Journal of Finance, 1985 (40).

[20] Simon. The Illusion of Control [J]. Journal of Personality and Social Psychology, 1955 (32).

[21] Slovic P., Fischhoff B. On the Psychology of Experimental Sur-prise [J]. Journal of Experimental Psychology: Human Perception and Performance, 1977 (3).

[22] Tversky A., Kahnanan D.. Judgment Under Uncertainty: Heuris-tics and Biases [J]. Science, 1974 (185).

[23] Tversky A., Shafir E.. The Disjunction Effect in Choice Under Uncertainty [J]. Psychological Science, 1992 (3).

[24] Van Dijk E., Zeelenberg M.. When Curiosity Killed Regret: Avoiding or Seeking Unknown in Decision–making Under Uncertainty [J]. Journal of Experimental Social Psychology, 2007 (16).

[25] Wang X.T.. Framing Effects: Dynamics and Task Domains [J]. Organizational Behavior and Human Decision Processes, 1996 (68).

[26] Wood G. The Know–it–all–along Effect [J]. Journal of Experi-mental Psychology: Human Perception and Performance, 1978 (4).

[27] 陈方正，刘建桥. 我国证券机构对股市框架依赖的实证分析 [J]. 五邑大学学报，2006，20 (3).

[28] 陈红. 行为金融学研究综述 [J]. 经济经纬，2005 (4).

[29] 陈其安，高国婷，陈慧. 基于个人投资者过度自信的中国股票市场定价模型 [J]. 中国管理科学，2011，19 (4).

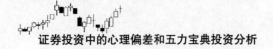

［30］陈日清.过度自信与金融市场若干问题研究［D］.东北财经大学博士学位论文，2007.

［31］陈庭强，王冀宁.基于认知心理学的证券投资者认知与行为偏差形成机理研究［J］.系统科学学报，2011（5）.

［32］陈炜.基于保守性偏差的行为资产定价模型［J］.管理评论，2004（11）.

［33］邓小明.中小投资者存在的两大误区［J］.企业家天地，2006（9）.

［34］董梁，李心丹，茅宁.基于中国投资者行为偏差的 DHS 模型修正［J］.复旦大学学报，2004（5）.

［35］董梁.我国股票市场投资者六种非理性心理研究［J］.现代管理研究，2003，11（1）.

［36］封思贤，张谊浩.中国行为金融研究综述［J］.生产力研究，2004（9）.

［37］何贵兵.决策任务特征对风险态度的影响［J］.人类工效学，1996，2（2）.

［38］黄中南.我国权证市场个人投资者行为异象的行为金融学分析［J］.特区经济，2011（3）.

［39］李斌，徐富明，王伟，邓子鹃等.锚定效应的种类、影响因素及干预措施［J］.心理科学进展，2010，18（1）.

［40］李斌，徐富明，王伟，龚梦园.锚定效应的研究范式、理论模型及应用启示［J］.应用心理学，2008，14（3）.

［41］李心丹，王冀宁，傅浩.中国个体证券投资者交易行为的实证研究［J］.经济研究，2002（11）.

［42］李心丹.上证联合研究计划第三期课题报告——中国证券投资者行为研究［Z］.2002.

[43] 李心丹. 行为金融理论：研究体系及展望 [J]. 金融研究，2005（1）.

[44] 李心丹. 行为金融学：理论及中国的证据 [M]. 上海：上海三联书店，2004.

[45] 李永宁. 通货膨胀预期形成、锚定：基于消费者和经济学家预期的分析 [J]. 当代经济科学，2010，32（4）.

[46] 梁军儒. 战胜自我——股票投资中十大心理误区 [J]. 发现，2007（8）.

[47] 刘萍，马啸，黄国石. 行为金融学中 DHS 模型的改进 [J]. 中国科技信息，2009（7）.

[48] 刘玉珍，张铮，徐信忠，张金华. 基金投资者的框架效应 [J]. 管理世界，2010（2）.

[49] 陆剑清. 投资者行为学 [M]. 大连：东北财经大学出版社，2010.

[50] 陆剑清. 我国投资者心理分类的研究 [J]. 心理科学，2004，37（3）.

[51] 陆正飞，刘桂进. 中国公众投资者信息需求之探索性研究 [J]. 经济研究，2002（4）.

[52] 马希荣. 通胀预期中的锚定效应及对经济决策行为的影响 [D]. 华东师范大学硕士学位论文，2011.

[53] 潘枫. 投资者认知偏差研究综述 [J]. 金融管理，2010，17（5）.

[54] 裴平，张谊浩. 中国股票投资者认知偏差的实证检验 [J]. 管理世界，2004（12）.

[55] 彭飞. 基于行为金融的资产选择模型研究 [M]. 北京：经济科学出版社，2010.

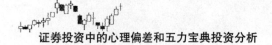
[56] 彭星辉，汪晓虹. 上海股民的投资行为与个性特征研究［J］. 心理科学，1995（2）.

[57] 皮亚杰. 发生认识论原理［M］. 王宪钿等译，商务印书馆，1981.

[58] 钱晓宇. 投资决策中心理偏差的分析［J］. 企业导报，2009（8）.

[59] 曲深，周立明，罗跃嘉. 锚定判断中的心理刻度效应：来自ERP 的证据［J］. 心理学报，2008，40（6）.

[60] 任寿根. 模仿经济学分析——对经济波动的一种新解释［J］. 经济研究，2002（1）.

[61] 施丹，黄国良. 投资者过度自信问题国内外研究综述［J］. 徐州工程学院学报，2007，22（7）.

[62] 施丹. 中国股市投资者过度自信行为的实证研究［J］. 中国矿业大学学报（社会科学版），2008.

[63] 孙培源，施东晖. 基于 CAPM 的中国股市羊群行为研究——兼与宋军、吴冲锋先生商榷［J］. 经济研究，2002（2）.

[64] 谭智. 投资者过度自信与股票交易量波动［D］. 湖南大学硕士学位论文，2010.

[65] 汤志伟，彭志华，张会平. 框架效应对政府危机决策质量影响的实证研究［J］. 社会科学研究，2011（6）.

[66] 唐现杰，任松涛. 投资者行为偏差及其对策分析［J］. 商业研究，2006（4）.

[67] 王博文. 基于锚定效应的风险投资对价博弈模型研究［D］. 吉林大学硕士学位论文，2010.

[68] 王冀宁，陈庭强，罗强. 多维认知偏差投资风险能量密度模型研究［J］. 技术经济与管理研究，2010（5）.

[69] 王冀宁，韩玲. 投资者认知偏差和行为偏差的研究［J］. 企业

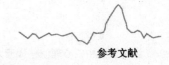

技术开发，2008，27（12）.

[70] 王冀宁，李心丹，刘玉灿. 基于信号传递博弈的中国股票投资者的学习机制研究［J］. 数量经济技术经济研究，2004（9）.

[71] 王冀宁，梁云芸. 我国投资行为偏差及影响因素分析［J］. 现代管理科学，2007（12）.

[72] 王晋斌，刘元春. 投资选择权约束、意见分歧与中国股市风险［J］. 经济研究，2002（8）.

[73] 王垒，郑小平，施俊琦，刘力. 中国证券投资者的投资行为与个性特征［J］. 心理科学，2003，26（1）.

[74] 王宁，茅宁. 有限理性个体投资者行为机理的实证研究［J］. 管理科学，2005（2）.

[75] 王平. 锚定效应的实验研究［D］. 华南师范大学硕士学位论文，2005.

[76] 王文. 投资者心理"雷区"［J］. 理财，2009（10）.

[77] 王稳. 行为金融学［M］. 北京：对外经济贸易大学出版社，2004.

[78] 王晓庄. 决策中的锚定效应发展研究［D］. 天津师范大学博士学位论文，2009.

[79] 吴世农，吴超鹏. 盈余信息度量、市场反应与投资者框架依赖偏差分析［J］. 经济研究，2005（2）.

[80] 伍旭川，何鹏. 中国开放式基金羊群行为分析［J］. 金融研究，2005（5）.

[81] 向锐，李琪琦. 中国机构投资者羊群行为实证分析［J］. 产业经济研究，2006.

[82] 徐茂卫，王栎. 关于好公司与好股票认知偏误的实证分析［J］. 财经论坛，2006（1）.

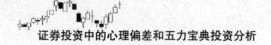
[83] 徐茂卫，王栎. 我国证券咨询机构的锚定心理分析 [N]. 统计与决策，2005.

[84] 闫祥. 投资者过度自信综述 [J]. 科技风，2010 (11).

[85] 杨善林，王素凤. 股市中的过度反应与反应不足 [J]. 华东经济管理，2005，19 (2).

[86] 易阳平. 行为金融学 [M]. 上海：上海财经大学出版社，2005.

[87] 张凤华，邱江，邱桂凤，张庆林. 决策中的框架效应再探 [J]. 心理科学，2007，30 (4).

[88] 张喆，房茜蓉，韩斌. 产品优惠券价值的框架效应研究 [J]. 管理科学，2011，24 (1).

[89] 赵立军，孟春青，卢光莉. 框架效应对公平判断影响的实验研究 [J]. 心理科学，2009，32 (3).

[90] 赵明华. 投资心理与投资策略 [J]. 证券导刊，2004 (3).

[91] 赵云飞，戴忠恒. 股民股票投资成败归因内容与特征的研究 [J]. 心理科学，1995 (6).

[92] 钟林. 读《雪球·巴菲特传》[J]. 股市动态分析，2009 (37).

[93] 钟玄翀. 中小投资者心理偏差的分析 [J]. 商场现代化，2011 (23).

[94] 周爱保，赵鑫. 决策行为与认知偏差——管理者过度自信研究述评 [J]. 华东经济管理，2009，32 (4).

[95] 朱莉琪，皇甫刚. 不确定情境中的决策心理 [J]. 心理科学进展，2003 (11).

[96] 邹霞. 投资心理测试 [J]. 知识经济，2001.